数字营销系列

数字化服务

用户体验的变现法则

甄英鹏 陈昭璇 洪圣恩 詹丽珍 ◎ 著

企业管理出版社
ENTERPRISE MANAGEMENT PUBLISHING HOUSE

图书在版编目（CIP）数据

数字化服务：用户体验的变现法则/甄英鹏等著.—北京：企业管理出版社，2021.7
ISBN 978-7-5164-2405-6

Ⅰ.①数… Ⅱ.①甄… Ⅲ.①数字技术—应用—服务业 Ⅳ.① F719-39

中国版本图书馆 CIP 数据核字（2021）第 103279 号

书　　名	数字化服务：用户体验的变现法则
作　　者	甄英鹏　陈昭璇　洪圣恩　詹丽珍
责任编辑	尤　颖　田　天
书　　号	ISBN 978-7-5164-2405-6
出版发行	企业管理出版社
地　　址	北京市海淀区紫竹院南路 17 号　　邮编：100048
网　　址	http://www.emph.cn
电　　话	编辑部（010）68701638　发行部（010）68701816
电子信箱	emph001@163.com
印　　刷	河北宝昌佳彩印刷有限公司
经　　销	新华书店
规　　格	710 毫米 × 1000 毫米　16 开本　15.25 印张　211 千字
版　　次	2021 年 7 月第 1 版　2021 年 7 月第 1 次印刷
定　　价	65.00 元

版权所有　翻印必究　·　印装有误　负责调换

前言 PREFACE

客户服务就是企业或个体为客户提供服务、满足客户需要的活动,其目的是为客户创造良好的体验,满足客户的需求。从本质上看,传统服务业具有无形性、难以存储性及生产消费同时性等特征,所以,企业为客户提供的主要是本地化服务。而在"互联网+"时代,服务业被赋予了新的内涵,在IT技术、移动互联网、大数据、云计算、物联网等技术的支撑下,企业可以随时随地为客户提供各种优质服务,和单纯地销售产品相比,服务尤其是融入高科技的现代服务在溢价能力方面明显更具优势。对于企业发展来说,服务平台的发展方向至关重要,尤其是在增强企业竞争力、促进企业发展等方面起到了重要作用。得益于此,电子商务等新兴服务业不断发展壮大。

综观全球,各国经济的发展都离不开服务的进步,第三产业的发达与否也直接影响着一个国家的发达程度。一方面,如今服务并不局限于服务业之中,传统制造业也在发展进程中融入了服务,对于如何做好服务营销管理,在服务营销中发现价值、提供价值对企业的服务创新与建设是十分重要的。另一方面,作为第三产业与新时代营销工具的结合,直播服务更能体现出时代发展所需及背后所代表的用户体验和用户价值体现。中国现在正一步步地迈向服务经济的时代。在服务经济时代,企业需要一点点地抓住服务经济的价值。这正是下一步传统企业与新型互联网企业要走的道路,而是否能够抓住这个改革的机会,可能就是许多企业能否成功的关键了。

本书主要从三个部分进行服务营销的"纵向思考"和两个方面的"横向发展"来诠释本书的整体方向。一是服务战略，即认识服务营销对企业发展的高屋建瓴式的思考；二是服务平台，围绕用户及用户需求展开，为下一步落地操作打下基础；三是服务运营，强调服务营销的定位与提升方案。有了上面三个部分的纵向思考以后，就可以进入服务创造价值的规划方法中来，享受数字化时代服务管理带给自己的更好的发展契机。因此，本书的读者是对服务营销、互联网时代传统企业转型、互联网服务化等感兴趣的人。而编者希望能够提供的价值有以下几点。

一是更接地气：用更多、更新的国内成功案例诠释所有的知识点。

二是更重视用户：从用户体验提升及用户价值维护两个维度出发，加强知识点时效性和应用性，既有高度又结合实战。

三是方向更稳：紧跟数字化潮流热点，从各种服务平台的发展模式中寻找共同发展的契合点，从而为自己未来的商业模式寻找机会，减少失败的概率。

感谢林佳敏、王佳妮、宫河阳、周雯珺、舒敏琦、幸毓、刘芮嘉等同学对本书相关章节的资料整理工作。特别需要说明的是，本书学习、借鉴、吸收和参考了国内外众多专家学者的研究成果及大量相关文献资料，并引用了一些书籍、报刊、网站的部分数据和资料，尽可能地在参考文献中列出，由于时间紧迫，仍有部分未能与有关作者一一联系，敬请见谅，在此，对这些成果的作者深表谢意。限于编写者的学识水平，书中难免有疏漏，敬请广大读者批评指正！使本书将来的再版能够锦上添花！如您希望与作者进行沟通、交流，请与我们联系。

联系方式：zhenyingpeng@163.com。

2021 年 4 月 10 日

目 录 CONTENTS

第一章　服务战略　/ 001

第一节　服务营销管理　/ 007
一、服务业的定义与分类　/ 007
二、服务战略管理和服务关系管理　/ 010
三、服务营销的消费观点改变　/ 013

第二节　服务营销价值　/ 017
一、服务资产和服务能力　/ 017
二、服务需求和服务供给　/ 019
三、为服务相关者提供价值　/ 022

第三节　服务创新　/ 025
一、服务与产品差异　/ 025
二、服务经济的增长　/ 028
三、服务冲突问题　/ 030
四、服务决策方法　/ 031

第四节　服务建设　/ 032
一、服务体系　/ 032
二、服务运营　/ 034

三、服务创造价值 / 038

四、服务管理 / 040

第二章　服务平台 / 045

第一节　服务消费者 / 051

一、消费者行为与类型 / 051

二、服务购买的阶段 / 056

三、服务购买决策流程 / 062

第二节　消费需求 / 066

一、服务消费期望及类型 / 067

二、服务消费期望管理 / 071

三、服务消费需求管理 / 073

第三节　服务感知 / 078

一、服务过程中的顾客感知 / 078

二、质量管理中的顾客感知 / 080

三、顾客满意 / 082

四、顾客价值 / 089

第三章　服务运营 / 095

第一节　服务运营概述 / 100

一、服务运营竞争力 / 101

二、营销与运营的平衡 / 103

三、服务流程再造 / 111

第二节　服务定位 / 113

一、服务市场细分 / 113

二、服务市场定位　/ 118
三、服务市场定位的内涵与原则　/ 120
四、服务市场定位实施步骤　/ 124

第三节　服务评估与改善　/ 127
一、测量顾客满意　/ 127
二、服务效率的提升　/ 130
三、理解顾客满意度　/ 133
四、评价服务质量　/ 135

第四章　服务创造价值　/ 143

第一节　服务产品管理　/ 150
一、服务产品　/ 150
二、服务设计　/ 151
三、服务品牌　/ 155

第二节　服务定价　/ 160
一、服务感知价值　/ 161
二、新兴服务定价　/ 163
三、服务定价注意事项　/ 165

第三节　服务渠道　/ 169
一、服务渠道基本问题　/ 170
二、服务交付角色　/ 171
三、电商分销渠道服务　/ 175

第四节　服务促销　/ 180
一、服务沟通　/ 180
二、服务体验　/ 181

三、服务展示 / 184

第五章　服务管理 / 191

第一节　服务流程管理 / 196
一、认识服务流程 / 196
二、服务流程设计 / 199
三、服务流程再造 / 202

第二节　服务员工管理 / 208
一、服务员工管理的内涵 / 208
二、服务员工内部营销 / 212
三、服务员工授权 / 214

第三节　顾客服务与顾客关系 / 215
一、顾客服务与关系营销 / 215
二、顾客关系管理 / 218
三、顾客关系管理的误区及改进措施 / 222

参考文献 / 229

第一章 服务战略

> 服务是零售的基石，要让用户看得见、感受到。
>
> ——苏宁集团董事长　张近东

各国经济的发展离不开服务的进步，第三产业的发达与否也直接影响着一个国家的发达程度。如今服务并不局限于服务业之中，传统制造业也在发展进程中融入了服务。服务营销的管理成败与否也决定了一个企业未来的发展道路是否顺利。对处于互联网风口浪尖的企业而言，如何做好服务营销管理，在服务营销中发现价值、提供价值对企业的服务创新与建设是十分重要的。

> **开章案例**

易车：全域数字一体化服务

2021年伊始，易车在浙江宁海举行了以"灵执天地 智犀全局"为主题的易境思·2021中国汽车营销沙龙。易车总裁刘晓科在沙龙的总结演讲中，介绍了过去几年易车在服务营销上的升级变化，并重点展示了未来将在服务方面的升级：全域数字化。通俗来说，易车希望通过数字化手段，更加精准地实现服务营销的精准、效率和线索转化。

1. 企业简介

易车成立于2000年6月，作为一家有着20余年历史的汽车互联网公司，易车在汽车的资讯、导购、数字营销等领域足够专业，丰富的实践和长足的积累使其成为广大用户买车时不能忽略的平台，也成为汽车厂商和汽车经销商在行业里的重要伙伴。

2. 立足汽车资讯，拓展服务创新

改革开放以来，中国汽车服务行业一直都在发展，但由于发展的时间不长，时至今日汽车服务业仍有着较大的发展空间。回顾汽车服务行业的历史，从改革开放初期至2000年左右，中国的汽车销售模式是延续计划经济时代下的"配额制"，即国家对汽车的价格进行干预；2017年以前，汽车销售业属于传统的4S店时代；从2017年开始，单一的4S店模式被互联网新技术所打破，汽车销售业与许多的行业一样进入了新零售时代，也就是说，汽车服务将不再受制于各大品牌。在历史的洪流下，一切都在变，而汽车销售业的改变是由于行业存在的痛点一直没能得到解决。

汽车销售业的痛点主要是经销商、主机厂、互联网平台三个角色在服务过程中产生的矛盾。对于经销商而言，经常碰上采购不及时、产品出现积压、跨区域交易难、涉及资金量过大、资金链断裂的风险等情况；对于互联网平台而言，通常缺乏相应的实体配套服务、线上大额订单不容易实现、互联网汽车平台只是作为广告平台的尴尬处境；对于主机厂而言，生产计划的制订、研究供求关系、销售渠道过少等情况影响其发展。简而言之，汽车销售业的各个角色都存在，但是并没出现服务创新的苗头以解决汽车服务业的痛点。

易车作为老牌的互联网汽车资讯公司，能够深刻感受到汽车销售业的痛点，而此次易车举办的营销沙龙也是从汽车销售行业的痛点出发来阐述易车在服务创新方面所做出的营销思路和营销产品方向的改变。

（1）打造完整智慧营销生态云。

易车在进行服务营销创新过程中，组建了生态云。易车生态云最核心的部分就是其数字化的引擎。如果服务营销还如从前一样，没有数字化作为引擎，那互联网汽车平台就如之前的垂直媒体一样，只能在平台上通过卖资源、卖点位来赚取利润。而如今的服务营销需要精准化、效率化、线索化，而这些都必须以数据化为核心才能有所突破。

易车现在有两个核心平台。一个是关于用户的数据平台，也就是易车所称的数据魔方。数据魔方中包含购车潜在人群的各种行为数据，能协助汽车销售方精准找到影响用户决策的各个因素。另一个是指数平台。易车网通过指数平台上的一些指标呈现品牌与产品营销效果。易车的数据平台与指数平台将AI技术融于其中，共同支撑起易车的全链营销服务云。易车的全链营销服务云由四个营销星云所组成：第一个是影响云，研究如何放大媒体所报道的正面新闻；第二个是转化云，研究如何将数据进行有效的利用并使用户实现最终的实际消费转化；第三个是全域云，与腾讯形成战略合作伙伴关系，从更大的范围进行产品的推广，形成全域云；第四个是与各汽车企业形成的私域云，进行点对点的营销推广。

（2）利用 AI 推进服务创新。

如果易车只保留一样东西，其高层会留下什么？易车总裁刘晓科在本次沙龙主题演讲中给出了答案：易车核心的能力不是 APP，也不是媒体，而是数据魔方。在过去的几年里，易车利用互联网公司的数据优势建立了用户数据魔方，其包括用户、内容、车型。在易车的数据魔方中，每一个浏览过易车网的用户行为都能被实时监控，进行分析。截至 2020 年，易车平台云就拥有了近 1000 亿次基于用户行为的计算能力。2020 年，易车更是初步完成了易车云平台的建设，提升了整个平台的计算能力。如果说数据魔方是易车全域云的一个底层设计，那么易车的指数平台就是基于数据魔方的高层次的分析平台。易车指数平台是从用户的行为数据出发，进行产品的市场分析、品牌观察、相关竞品价格变动等分析。从 2018 年起，易车就提出了各种服务创新的想法，而如何将这些创新的想法实现最终成功售出汽车是由指数平台做到的。一方面，从用户的行为来看，指数平台是基于数据魔方中的数据标签分析哪些用户行为是可以真正转化为实际购买力的。另一方面，从产品的角度来看，指数平台还可以分析每个产品的特点，将每个产品的特点与用户的行为特征进行结合分析，最终形成服务营销的路径图。

从上文分析可以看出，数据魔方是易车构建所有能力的基础，可以说是易车区别于传统汽车企业的一大财富。而且 2020 年，易车通过数据魔方及 AI 技术，在汽车服务业中成立了第一个 AI 编辑部。易车的 AI 编辑部全年能够产生几十万条视频、图文内容。有了 AI 的加持，易车能够产生更多的营销素材，为用户提供更有针对性的内容。而 AI 制作的视频还大幅度地提升了内容的阅读量和转化率。现在，AI 每天能够自动生成几百条视频内容，这些内容还能够具有针对性的投放。除了内容的自动生产外，在社群方面，AI 也不甘示弱，包括了基于大数据的智能直播、智能外呼。易车通过数据魔方、指数平台中的数据，不断强化整个体系中 AI 介入的能力，让营销的动作、效率大大提升，真正实现了服务的创新。

（3）基于 AI 的服务关系转变。

易车 AI 的核心是什么？刘晓科给出了答案：易车 AI 的核心技术是基于用户动态行为识别，精准对用户画像进行描写，将相同的用户行为进行聚类分析。而针对不同类别的用户，AI 将通过不同群体的行为特征，制定各异的群体营销策略，最终实现分群运营，为每类人群匹配最佳的营销手段。AI 也将持续地滚动训练、优化结果，快速提升效率。自 2020 年以来，易车与国内外近 50 个品牌形成了百余个项目，利用 AI 技术，形成了超过 80% 以上的复购率，最重要的是服务的创新令易车能够形成一套标准化的产品。易车的用户不只是购车的消费者，还有各大品牌的汽车生产商。同品牌的车辆在进行 AI 营销的投放时，效果还能加倍，产生品牌效应。AI 技术让易车的服务不再仅限于某一款车型的营销，而是各品牌的知名度大幅提升。易车的服务创新一方面可以更好地为消费者提供心仪的车型，另一方面也可以有效地帮助汽车生产商找到核心的用户群，利用服务创新来改善原先的服务关系。

3. 未来发展

2019 年，易车与腾讯达成合作，开启了腾易计划。腾易计划的核心是利用易车数据魔方在腾讯支撑的平台上进行更佳的用户群体匹配。在腾易计划中，易车与传统豪车品牌曾在 2021 年 1 月达成一次深度营销，即易车在所投放的广告中进行滚动训练，利用多维度的用户行为数据与相应的广告点击率形成一个个数据模型的人群包，接着通过授权上传人群包，在各个平台进行投放。这个初步的营销结果显示，该品牌的广告投放效果优化提升了 1/5 左右。这次深度营销也印证了腾易计划的核心：易车的数据资产能与腾讯的大平台结合起来，将数据发挥到极致。

服务战略的转变让易车能够提供全域数字化的服务，利用大数据技术为各汽车生产商提供高效的营销解决方案。区别于传统车企，易车为汽车行业带来了"用户"概念，而服务战略的转变会使易车前行的路越来越平坦。

（资料来源：作者根据多方资料整理而成）

第一节　服务营销管理

与传统制造业相比，服务业的营销管理有很大的不同，这体现在服务行业的定义与分类、产品差异性、消费者行为、营销组合和质量评价上。服务营销管理是企业对服务营销活动的管理，是服务型企业通过关键组织资源与能力的合理配置，对服务价值进行识别、创造、传递和维护，以获取和维持服务市场竞争优势的管理流程。服务营销管理的关键在于服务战略的管理及服务关系的管理。

一、服务业的定义与分类

服务业也可称为第三产业或第三服务产业，泛指我国专门从事服务产品的生产和管理经营或者销售公共服务产品活动的一类新兴产业，主要应用领域范围包括除第一、第二产业以外的所有各类新兴产业。

服务业根据其物质或精神属性的重要程度可以划分为流通服务业，生产、居民日常生活服务业，精神、素质等要素的服务业，以及公共服务业。这种划分依次减少了其物质属性，而精神属性依次加强。流通服务业、制造商和生产者的日常服务业一般是营利性的服务业，而人们提高综合素养的服务业、公共服务业则一般是非营利性的服务业。

各类服务业的物质性、精神性、营利性和非营利性与要不要营销无关。在我国现代市场经济中，虽然不少人在精神性或非营利性的服务行业中都忌讳"营销"二字，但这些都是对营销的一种误解。营销是指满足交换双方所需要的全部产品或服务之间的一种交换，不但营利性的服务行业需要营销，非营利性的服务行业也需要营销。

1. 流通服务业

流通服务业被称为商流、物流、客（人）流和信息流所需要的业务，由商业、物流业、交通业、邮政业和电信业5类产业组合而成（见表1-1）。商业是为了商流而提供服务的综合性服务行业。例如，汽车经销商就是所谓的汽车贸易商，包括汽车经销（生产和批发）、汽车零售、企业代理、汽车进出口等；物流业指的是为各种商品提供物流服务的综合性服务业；交通业指的是为人类生活空间中的流动性提供服务的综合性服务业；我国邮政业是为信息流提供服务的新兴产业之一，其中，包裹的投递及物件特快专递主要具有邮政储蓄物流业的性质，邮政存款业具有银行业的性质；电信业是专门为信息流提供服务的行业。

表 1-1 流通服务业的构成

名称	内 容
商业	批发、零售、进出口贸易、物资、代理、期货、金融等
物流业	仓储、运输等
交通业	高速公路客运、铁路客运、航空客运、水路运输、城市公共交通和出租汽车业等
邮政业	邮政信件投递、包裹寄送、特快专递、报纸投递、广告寄送、邮票发行和销售等
电信业	有线电话、移动电话、无线传呼和网上通信等

2. 生产和生活服务业

生产和生活服务业是指向企业提供生产性和个体性的生活服务。根据其服务对象可细分为三类：生产性服务业、生活性服务业及其他生产性和生活性服务业（见表1-2）。生产性服务业主要指以企事业单位为主要服务对象的综合性服务业，即B2B类服务业，生产性服务业也简称为现代服务业；生活性服务业主要指以居民家庭和其他个人作为主要服务对象的综合性服务行业，即B2C服务业；其他生产性和生活性服务业是生产和社会生活结合起来的服务业，既涉及生产又涉及居民生活。例如，保险行业既是一种企事业性的保险，也是一种家庭和其他个人的保险，前者主要指的是生产性服务，后者主要指的是生活性服务。

表1-2　生产和生活服务业的构成

名称	内容
生产性服务业	金融、科技服务、咨询、广告、商务展示、会计事务等
生活性服务业	旅游、餐饮、娱乐、美容、洗涤、护肤、照相、家居服务
其他生产性和生活性服务业	财产保险业、房地产业、住宅装饰、出租服务业、专员介绍、维修业、法院事务业等

3. 精神和素质服务业

精神与素质服务业是指为了满足我国现代社会对于人们的精神与身体素质需要而发展起来的服务行业，它大致可以划分为精神性的服务业和综合性的身体素质服务业两个大类。精神性的服务业主要是满足现代社会人们的精神享受与提高其精神素质所必需的服务行业，由各种文艺、体育观赏服务，教育与服务，科技与服务，媒介与服务，图书馆及博物馆等各种服务行业组成；综合性的身体素质服务业主要是指能够满足我国现代社会发展对于人们增强身体素质需求的服务行业，由体育、医疗健康、环保等各种服务行业组成。

4. 公共服务业

公共服务行业向企业或者个人提供公共服务，同时向前者进行征税，以补充服务费用的实际支付。现在，创建公共服务型的政府已经逐渐成为现代化政府体制改革的重要趋势，可见，公共服务已经逐渐成为现代化政府工作的核心功能。

二、服务战略管理和服务关系管理

服务战略管理是营销学中的一种谋划性策略。服务战略管理需要明确一个企业所提供服务的对象，即服务领域，以及服务内涵、服务手段、服务方式等，它还包含了服务市场细分、目标消费者选择、服务市场（或品牌）的定位等主体。其中，市场细分是基础，市场定位是灵魂。

市场细分法主要是指营销商根据消费者在各种市场环境中所满足的需求、购买行动和其购买习惯等多个方面存在的差别化特点，将某一个产品的总体市场分解为若干子市场（即消费人群）。每一个消费群体本身就是一个细分的市场，每一个细分的市场都是由具有类似需求倾向的消费者组成的。

服务的目标市场是指服务公司打算到达所需要进入的目标区域或者希望为其服务的目标客户群体。服务型企业通过对细分市场进行评估，决定要进入哪些细分市场，也就是选择什么样的目标市场。服务型企业在选定自己的目标市场时，有五种类型的市场涵盖模式可供选择：市场聚焦、产品专门化、市场特色型、有选择的专门化、市场完全覆盖。

市场定位是指企业依照所在的目标市场上同类型产品之间相互竞争的状况，针对顾客对该类产品某些特点或属性的关注程度，为本公司的产品打造强有力的、与众不同的鲜明个性，并将自己的形象生动地宣扬出来，求得广大顾客的认同。事实上，市场定位作为一种市场营销策略，主张以优势定位和差异化定位与自己的竞争对手形成区别，并建立自己的优势，从而使自己能够在顾客的心目中占有特殊位置。

缩小服务质量差距的另一项服务营销管理活动是建立和发展与顾客的服务关系，也就是开展关系营销。服务商通过关系营销可以更密切地接触顾客，更多、更准确地了解顾客对服务质量的期望。

1. 顾客数据库管理

顾客的数据库管理就是对服务商进行管理和维护顾客关系的基础性管理。服务商的顾客资料数据库主要包括三个方面：一是顾客社会学文化特点的数据，如姓名、住所、电话号码、网络地址等；二是有关产品和服务的购买（或者使用）消费行为的统计资料，如购买服务的品牌种类、数量、金额、频率等；三是有关满足顾客各种个性化需求的资料，如特定的要求，具体的使用习惯，提供有关客户投诉与流失的资料等。

2. 顾客投诉管理

对于服务商来说，顾客的投诉并不是一件太坏的事。因为顾客如果不投诉，很有可能意味着顾客已绝望。顾客如果愿意投诉，说明他们对服务商还没有绝望，还想让服务商尽快挽回自己的损失，对于服务商来说，这无疑是拯救并继续维护顾客关系的良机。因此，服务商应该想方设法地解决顾客的投诉，首先必须转变对投诉的态度和看法，把厌恶投诉变成热衷于处理投诉。为此，服务商就需要建立一个重视投诉、认真倾听投诉及积极解决问题的机制。

专栏 1-1

北京银行：从关系营销到系统精准获客

2021年伊始，时值成立25周年，北京银行整装待发，于2021年1月12日正式发布"京惠云"普惠线上拓客平台。在线上拓客平台上线的同时，首个普惠试点产品"e惠融"也正式开启。北京银行从普惠服务的源头入手，打造普惠拓客平台，依托大数据赋能、借助平台精准拓客，释放普惠金融服务生产力，提高普惠金融服务效率。

1. 公司介绍

成立于1996年的北京银行被普遍认为是国内固定资产贷款总额最高的城市商业银行，在全国134家重点城市大型商业投资银行榜单上始终名列第一。

2. 立足金融服务，拓宽服务关系管理

北京银行自成立起，一直坚守初心，牢记使命。值得注意的是，2020年年初，突如其来的新冠肺炎疫情对小微企业造成重创，北京银行通过进一步加大信贷资金投放、创新产品服务、强化科技赋能、强化组织保障等手段，为疫情防控、复工再生产、实体经济增长提供了精准金融服务。同时，"数字+金融"在当前的市场下迸发出一种崭新动力，疫情进一步催生了线上业务的极速增长。在此背景下，"京惠云"普惠线上拓客平台应运而生。

"京惠云"平台是如何改变传统服务模式的呢？第一，"京惠云"实现了从传统一对一营销手段到信贷资金大批量、多渠道对接的转变；第二，"京惠云"将服务关系营销进一步升级到了通过平台精准获客；第三，"京惠云"将信贷资金的线上全流程放贷拓展至线下的服务操作，升级了常规贷后预警触发系统。

"京惠云"平台的成立在服务关系方面上的突破主要涵盖以下几个方面。

首先，在潜在用户的获取方面，"京惠云"利用人工智能和大数据技术，将收集到的用户大数据进行整合，聘请专业数据工程师建立大数据算法模型，利用该拓客算法模型生成场景各异下的用户画像数据，在精准的用户画像的基础上为客户智能推荐金融产品，最终提升银行服务的多元化、及时性及适配程度。

其次，在客户经理营销方面，"京惠云"对服务过程进行模块化管理，将客户行为路径进行分节点过程跟踪及银行资金放贷流程全程监控，并通过宏观"服务战略"模块和微观"工作台"模块为银行客户经理提供直观的业绩展示，提升其服务效率水平。在服务战略管理上，北京银行建立系统化的闭环管理制度，该制度覆盖了企业融资的完整周期，采用系统推送等模块，保证客户的服务不断档、无死角。

最后，北京银行在上线"京惠云"的同时发布了"e惠融"，该产品为首个普惠线上产品。"京惠云"普惠线上拓客平台与"e惠融"产品有机结合，平台承担用户筛选、产品推送等基础功能，实现精准营销；产品则依托数据模型、线上审批等优势，实现决策的高效落地。

北京银行通过"京惠云"普惠线上拓客平台的发布及"e惠融"产品的上线彰显了其推进服务战略管理转型的思路，在疫情防控常态化与促进国民经济社会正常化的关键时刻，依托互联网大数据精准定位，释放了银行服务生产力，将其金融服务及时触达企业与民众。

3. 总结与启示

走过25年，北京银行从一家基础薄弱，总资产规模不过200亿元的中小型商业银行，成长为规模接近3万亿元、国际资产价值接近600亿元、世界千家大银行中国企业排名第62位的中型商业银行。这25年来，北京银行经历了数次行业变迁，也抓住了每一次金融变革的机会，将自身的优势发挥至极致，如今北京银行又进行服务战略创新，再一次抓住时代的机遇，将"科创金融+服务战略管理"的成功经验推广并复制到全国。

（资料来源：作者根据多方资料整理而成）

三、服务营销的消费观点改变

理解顾客的服务消费观念是服务营销管理的起点与基础。服务消费观念受一系列个体因素和环境因素的影响。服务所具备的特性，使顾客的服务消费行为存在诸多独特性。随着我国经济社会的进步和发展，消费者的价值观念正在发生改变。

1. 需求多样化

从消费者的需求层次来讲，消费者对产品的偏好变得越来越多元化，品位越来越具有个性。从整体角度分析，品牌的知名度、体现品位的产品设计、生产工艺等都是决定其购买商品的首选因素。同时，在品牌的选择上，消费者更加注重自己的个人情感，开始了从深入的层次上去思考如何实现品牌与个人价值之间的衔接。

2. 消费偏好个性化

如今年轻一代的消费者对服务业的消费偏好也发生了改变，消费者会偏好个性化与小众体验，期望能在人群中标新立异，体现自己的独一无二。例如，对于旅游业而言，如今的消费者在旅行中更加注重仪式感，更加重视个性化的"打卡"活动。

3. 过程体验化

在免费体验式的网上消费大行其道的当下，越来越多的中国消费者已经开始愿意体验免费提供的更优质的网上购物经历和享受各项休闲、娱乐服务，这种服务无须支付商品溢价。目前，生活服务方式与购物商业一体化的大型购物广场风头正劲，消费者力求实现以自己的日常生活思维方式和消费需求特点为主要消费导向，以网络交流购物为消费方式的新经济消费体验。

4. 信息扁平化

从信息的收集与获取来看，从过去简单的品牌推送型消费转变成了自上而下的口碑引领型消费。随着互联网科技的进步和发展，消费者与品牌之间的接触点也越来越广泛，这一特殊性在中国消费者身上表现得尤其明显。

5. 决策冲动化

如今，随着移动互联网及信息的进一步走向全球化和企业数字化发展，消费者花费越来越少的时间在相关商品价格选择上，企业消费者也逐渐掌握了更为深入的各种产品功能知识，越来越多的人对自己需要的各种产品功能做出即兴决策。从各个品种消费类型和目标顾客消费群体发展角度分析来看，90后消费人群持续数量最少及时间最短，而80后消费人群持续数量最多，70后人群的消费数量持续时间相对最长。

> **专栏1-2**
>
> ## 海尔智家——从"服务即维修"到"服务即营销"

1. 公司介绍

海尔智家有限责任公司是中国海尔集团公司旗下的一家公司。海尔智家公司创立于1994年，原名为青岛海尔，于2019年正式通过注册合并成立为海尔智家。作为海尔集团旗下的全资子公司之一，海尔智家承接中国海尔集团在整个中国乃至全球最大范围内的家电维修业务运营。海尔智家对内倾力架设一个互联网企业工厂，用户可以根据自己的个性化需求实时直达工厂并实现实时互联；对外倾力打造一个"U+云"的智慧互联生活企业开放综合服务平台，为广大企业用户免费提供互联移动客户端，以及互联网经济时代下的全套智慧企业生活开放服务和创新解决方案，最终实现广大用户全流程的交互、贸易和移动支付服务体验。

2. 在消费升级的驱动下，家电服务爆发新潜能

如今，随着我国中高等收入人群的进一步扩大，人们的消费理念、消费观点也与时代一样发生了翻天覆地的改变，如消费者更多地追求环保、健康、便捷的享受型需求。总之，消费者越来越愿意为既节省时间又贴心周到的服务支付额外费用。正因为消费者观念的改变，服务性消费与时俱进，发生了结构性的变化。而对于整个家电行业而言，服务早已不再是单纯的品牌责任感的概念，服务正在成为各家电品牌在竞争过程中差异化创新及业务延伸的重要方式。海尔智家就是在此驱动下应运而生的。

目前，在消费升级的驱动下，家电行业的服务体系建设日益完善。海尔智家以追求品质生活为目标，发现消费者对家电服务的需求不断提高，不再局限于解决售后问题，而是更希望在售前、售中、售后全流程中享受到完善的保障服务。以消费者需求变化为导向，海尔智家逐渐将家电服务的定义从传统的售后、增值服务，向家电产品全生命周期内的用户体验、交互转变，并由此衍生出了新的内容及商业模式，开启了家电行业新流程的"以换代修"服务。在改变过程中，服务越来越紧密地与产品研发、推广等经营活动相关联，当然也成为家电企业日常经营不可分割的一部分，宣告着"服务即营销"时代的来临。

3. 总结与启示

在时代洪流中，消费者的新需求层出不穷，意味着各个企业的服务创新永无止境。海尔智家发挥了各方的核心优势，不断整合优质资源，为用户提供了更加个性化的智慧生活体验。

在时代发展过程中，智慧家庭的概念已经日益成熟，海尔智家在服务创新过程中也开辟了一条新思路：为用户提供智慧家庭服务的全新解决方案。一个新的海尔智家将以更加开放、融合的姿态来拥抱时代所向和用户所需，构建更加美好的服务新生态。

（资料来源：作者根据多方资料整理而成）

第二节 服务营销价值

服务营销价值是服务营销管理活动的核心。无论是服务质量还是顾客关系，根本上都是服务价值，即企业所提供的系列行为、活动和过程给顾客带来的具体效用或体验。只有准确针对顾客"痛点"、高效满足顾客需求的服务，才能最终被顾客接受，并获得顾客满意。因此，从本质上讲，服务营销管理就是对服务价值进行的管理，是针对服务价值的系列管理活动。传统的管理活动围绕分析、计划、执行、控制等流程展开，而服务营销管理活动则是围绕服务价值的识别、创造、传递和维护等流程进行。让服务价值的四个管理流程在内容上相互区别，逻辑上相互联系，共同围绕服务价值这一核心焦点进行企业资源与能力的配置。

一、服务资产和服务能力

服务资产包括服务特色、服务品牌资产，以及服务品牌资产相关的一些服务型企业特殊的专有资产。例如，服务技术的专利、驰名商标、杰出的服务人员等。

服务特色作为无形资产，对于服务者而言具有极强的吸引力。由于服务型企业营销管理的核心内容之一便是服务型企业特色，因此，拥有特色的服务型企业能够有效、充分地利用其优势来扩大自己的网点与市场。

服务品牌资产是一种服务型企业所拥有的特殊性资产，作为其企业性质和社会经济资产的重要构成部分，具有以下几种基本特点。

1. 服务品牌资产的无形性

品牌资产没有物质实体，更多地以信息、形象或专利等方式体现价值，由于服务品牌资产具有无形性，因而相当一部分服务型企业未能对服务品牌资产给予足够的重视，甚至没有把品牌资产提升到与有形资产同等重要的高度。

2. 服务品牌资产的增值性

对于有形资产而言，用其进行投资和利用之间存在着明显的区别：投资时将会增大企业的资产储备存量，利用时将会减少企业的资产储备存量。然而，服务品牌资产作为一种无形资产，它们的投资和综合利用往往是交织在一起的，难以完全分开。服务品牌对资产的有效利用并不必然就是资产存量减少的一个过程，而且，如果对服务品牌的资产利用得当，资产的存量不但不会因为资产的利用而大大减少，反而会在利用中大大增值，即服务品牌对资产的有效增值性。例如，某服务型企业不断地利用已有服务品牌进行市场拓展和服务延伸，其品牌资产会随着服务产品线的扩展和服务市场的延伸而不断增值，即服务品牌资产的增值性。

3. 服务品牌资产的模糊性

服务品牌资产的模糊性主要是指作为一种无形资产，服务品牌资产很难像有形资产那样进行货币化测算，对其评估具有高度的不准确性和不确定性。服务品牌资产的模糊性主要来自其构成的特殊性、复杂性，以及外在表现的无形性。服务品牌资产的服务品牌认知、服务品质形象等复杂的构成要素均具有无形特征，而且要素之间相互联系、相互影响，难以截然分开，更难以准确进行测量。此外，服务企业品牌资产的潜在盈余获利能力也存在着巨大的不确定性。例如，服务品牌对其所在的目标顾客群体的影响力，服务品牌投资的强度及策略，服务行业市场容量、结构及市场竞争的激烈程度等诸多影响因素，均为企业增添了准确计量和管理服务品牌资产的难度。

所谓的服务型企业特殊的专有资产是指这些资产为本服务型企业专门使用，很难转移到其他服务品牌上去，也只有这些专有资产才能成为服务资产的重要组成部分。例如，服务技术的专利、专有技术、驰名商标、杰出的服务人员等，它们能够为服务品牌提供差异化的竞争优势。

服务能力也称为服务行为能力，是指一个服务系统能够拥有的提供服务的能力程度。服务能力包括三方面的内容：一是服务设施，如银行、酒店、飞机场等；二是劳动力，如医生、发型师、教师等；三是工具和设备，如手术刀、计算机、电影放映设备等。

确定合理的服务能力包含以下两个层面：一是较长期的、重大的服务能力扩大。当需求持续超过企业的服务能力时，企业需要考虑能力扩大问题。长期的能力扩大是由最高管理者决定的，它涉及多个方面的费用开支，对公司的战略和竞争力有直接影响。二是采取一些短期措施来提高服务企业的生产能力。在服务需求周期的高峰期，企业经常采取加班、倒班、临时修改作业计划等措施，这些措施只适用于短期内使用，而这些短期措施可以在几周内制订好，其中只牵涉到有限的资金问题，通常由运作部门的负责人来决定。

二、服务需求和服务供给

在很多情况下，服务的供给和传递能力都是固定不变的或者短期内很难有所改变，而且消费者对获取服务的要求常年波动，总是很难准确地进行预测。当无法满足消费者的要求时，服务性企业的产品供给能力就会衰退，资源就会因为闲置而严重的浪费，而且当一个消费者的要求远远超过企业的服务能力时，这种服务行为中特殊的排队等候现象便开始出现。因此，服务型企业应该重视其服务能力与服务要求均衡匹配的问题，从而改善服务质量与服务效率。

服务往往具有无形性、生产和消费同步化的特点，这就使服务的供给和市场需求管理缺少的库存资源利用能力成了服务提供商所要面对的一个根本性问题。不同于传统的制造行业，服务型企业很难在市场需求淡期之前就建立产品库存，以准确应对市场需求陡增。反之，当需求远远超过最大生产能力的时候，也无法准确地应对需求过剩。当这类情况发生时，会直接导致服务企业的经营和业务损失。同时，服务的质量也可能会因为客户过多及服务设备的超负荷使用而无法达到事先承诺的服务水平，从而引起客户不满。这种现象在服务的高峰期，如餐厅的就餐高峰期、旅游旺季的酒店服务等，表现尤为突出。

当需求超过服务最佳供给能力但还在最大供给能力范围之内时，虽然不会出现顾客离开的情况，但是由于设备被过度使用，顾客拥挤或者员工过于忙碌，会导致服务质量下降。

许多服务企业都面临着供给与需求管理的挑战，但并不是所有的服务企业都是如此，这主要取决于需求波动的程度及供给受限制的程度。有些类型的服务企业面临广泛的需求变化，如电信、运输、医院和餐厅等；而另外一些类型的服务企业的需求变化比较微弱，如保险、洗衣店及银行等。在一些服务企业中，即使需求发生变化，在需求高峰期，顾客也可以得到满足，如供电、电话等；而其他服务企业的需求高峰可能会超过其供给能力，如节假日的电影院、餐厅、旅游景点等。

专栏 1-3

乐刷科技——拓宽服务边界深层次满足用户服务需求

2020 年新冠肺炎疫情的突袭，对社会各方面造成了极大的影响。比如商业生态就有了很大的改变，加速了众多中小微商户数字化的进程。以乐刷科技有限公司为代表的优秀支付企业，通过科技创新，赋能中小微商户，帮助中小微商户顺利实现数字化转型，为支付服务持续创造价值。

1. 公司介绍

乐刷科技有限公司（以下简称乐刷科技）成立于 2013 年，为深圳市移卡科技有限公司的全资子公司，成立之初即获得腾讯等知名机构的投资，乐刷科技以互联网和移动支付业务平台为其基础的服务入口，致力于为各个行业的商户推出支付平台、商家经营 SaaS 服务、数据营销、金融科学信息技术及人工智能等多层次智慧化金融服务类型的产品，目前其业务遍布全国，合作的商户包括餐饮、零售、文娱、美容、家装、物流、医疗等多个领域，已逐步发展成为"互联网＋金融科技"领域领先企业。

2. 以科技赋能服务，精准拓宽用户需求

作为一家多年深入互联网支付产品行业的公司，乐刷科技致力于通过技术创新为客户提供高端的、一站式的综合解决方案。这些解决方案主要是基于乐刷科技在中国市场的长期研究和试点及各种形式，它们是针对各种业态量身定制的多元化解决方案，能够真实、准确地为广大用户降低人力和资金成本，带来可观的社会效益和经济效益。这也是乐刷科技的使命：通过技术创新，不断为企业和消费者创造价值，打造自己的美好未来。

除了推出智能 MPOS 等创新型产品外，在长期的运营和发展中不断吸收和了解来自中小微商户的各种支付业务需求，乐刷科技凭借自身的技术力量不断创新迭代支付形式，让其所有的支付业务都朝着数字化、精细化和产品优质化的智慧支付方向前进。乐刷科技相关部门负责人表示："不要跟风，不要抓住热点，不要贸然采用不成熟的技术，不能拿一些概念性的东西来打动公众。"

3. 总结与启示

新时代、新机遇，2021 年，乐刷科技将持续通过科技创新提高自身风险控制能力，不断革新技术和拓宽服务边界，为广大中小微商户提供个性化的支付服务。

未来数字化的服务需求会更加普遍，科技创新是促进商户服务升级的关键，乐刷科技依然会专注于满足商户和消费者需求，跟随时代发展步伐不断创新，满足更多用户的需求。

（资料来源：作者根据多方资料整理而成）

三、为服务相关者提供价值

服务是向他人群体提供有利于其价值的社会活动，经济和信息化科技的发展逐渐赋予了我国现代服务以新的文化内涵，推进了我国现代服务业的创新和发展。服务营销已经突破了服务企业的界限，延展到了制造业甚至非营利机构。传统制造业可以通过服务营销增加附加值，而现代服务业更是需要通过服务营销提升顾客价值，赢得竞争优势。目前，由于我国正在进入经济结构性转型和产业升级的关键时期，大力发展现代化服务业正在逐渐成为国家的一项大政方针，服务营销也日益成为现代化企业在市场竞争中制胜的有力武器。

服务型企业实现业务成长、利润增加、持久价值最重要的因素不是市场份额，而是顾客忠诚度。研究显示，如果服务企业的客户忠诚度每年能够提升5%，该企业的利润就有可能每年增长25%～85%。提升顾客忠诚度的首要前提就是实现顾客价值。

近年来，互联网新模式之所以能成功颠覆传统服务模式，最主要的原因就是互联网新模式是以客户需求为导向构建起来的，并将提升客户价值视为了最重要的责任。所以，对于一个服务企业来说，其一切服务活动的实施都必须以顾客为中心，包括闭环点、核心节点和重新提高节点。同时，客户也被认为是服务企业实现可持续性发展的基础动力。所以，服务企业不能只将"一切以客户为中心"作为一个口号，而要紧紧抓住顾客的现有需求，深度挖掘和满足顾客的潜在需求，为更多顾客创造价值。服务企业最需要思考的问题不是企业拥有什么、能为顾客提供什么，而是客户需要什么。只有明确客户需要什么，企业才能有针对性地为其提供服务，创造价值。

目前，服务型企业正在逐步摆脱劳动密集型状态，迈进了资本密集型、知识密集型阶段，在其发展过程中对设备、技术、知识、人力资本的依赖程度也越来越高。服务业企业的能力建设不仅是依靠人的主观能动性的发挥，还依靠自然资源的支撑。任何一种服务均亟须在场景与设施上提供支撑，服务水平的高低主要取决于软硬件上所提供支撑的强弱。

专栏 1-4

广汽传祺——聚焦服务体验，为消费者增"值"

2020年11月5日，J.D.Power2020中国汽车售后服务满意度研究（CSI）于线上重磅发布。广汽传祺有限责任公司凭借在售后服务领域的不断深耕，位列中国品牌第一，连续两年夺得冠军，实现卫冕。

1. 公司介绍

广汽传祺有限责任公司（以下简称广汽传祺）隶属于中国广汽集团，始建于2010年，是国内一家专注于整车生产、售后服务、零部件供货，办理与汽车保险、上牌、年审、过户等与汽车密切相关业务的服务型公司。广汽传祺4S店是广州及周边服务配套设施最齐全、最迅速、最方便的4S店之一，真正做到了为客户提供最好的终身一站式服务。

2. 围绕用户体验，为消费者提供高价值服务

在国内汽车消费升级和存量竞争并行的情况下，只有为客户提供物超所值的产品和服务体验，以及超越竞争对手、领先同行的性价比，才能获得消费者青睐。为了让消费者直观地感受到这一点，2020年以来，广汽传祺在广汽集团"e-TIME行动"的指导下，加速构筑数字化客户体验生态圈。

在厂家层面，广汽传祺的产品研发实现了全数字化建模、全数字化测试，所有新车均导入了ADiGO智驾互联生态系统。如今，广汽传祺所有的下属工厂都实现了大规模的数字化改造，并与零部件制造商和厂家展开了合作，构建了一套全数字化的供应链运营管理体系。

在经销商层面，广汽传祺通过硬件、软件的完善和升级，将传统4S店转型为一个数字化的智慧4S店，并积极支持经销商推动企业进行信息化和数字化营销的转型，支持企业建设"云展厅"，推出"云看车""云体验"等多种特色服务。

在消费者层面，广汽传祺进一步围绕"产品—服务—数据"，提供了一种符合顾客期望和品牌定位的服务体验。具体来讲，首先，对产品进行不断升级，让消费者更真实地感受到广汽传祺车型的价值。其次，利用可视化工具，打造数字化营销服务体系，提高消费者买车、用车的服务体验。最后，着力于加快构建异地出行用车服务的新型产业生态链，如在异地提供购车试驾、维保上门、移动站等特色服务，打造更完整的异地出行解决方案。可以说，在数字化深入人们生活的当下，广汽传祺审时度势，不断提升服务消费者的能力，为消费增"值"。

随着中国汽车市场的发展，自主品牌面临合资品牌下行的压力将越来越大，在这种情况下，自主品牌只有向中高级市场发起冲击，不断提升产品的竞争力和质量，逐步树立自主品牌的品牌形象和品牌认知，才能实现品牌溢价的提升。而在这一过程中，周到的服务是必不可少的环节，只有产品和服务双管齐下，才能让消费者感知品牌的诚意。

广汽传祺"金三角战略"的核心就是为用户提供增值的产品和服务体验。而在广汽传祺数字化战略下，通过更多跨界、多元化营销体验，如开展广汽传祺超级合伙人项目，让所有人都成为广汽传祺的传播者；开展"没有弯道的传祺世界""祺技万里行"等体验活动，实现消费者价值可感知、价值可体验、价值可延续。而通过数字化创新，进行服务品牌升级，以顾客体验为出发点打造特色服务活动的举措，让更多消费者感受到了广汽传祺的魅力。

3. 总结与启示

在新形势下，产品和服务必须双手把握，两手都一定要硬，用硬核化的产品能力和贴心化的服务理念去彻底解决每位消费者实际使用中的需求和"痛点"，是汽车企业和品牌必备的责任和使命。广汽传祺在不断强化产品力、产品布局的同时，亦通过全新服务品牌及三大数字体验，着力塑造"服务传祺"全新形象，打造数字化特色服务体系，并以此为出发点，向更高端市场进击，已经得到了广大消费者和权威机构的认可。相信随着广汽传祺在服务领域的不断深入，还将会有更多的惊喜，让我们拭目以待。

（资料来源：作者根据多方资料整理而成）

第三节　服务创新

服务创新主要是指使用一种新的服务手段、技术和要素完全或部分替换其他原有服务手段、技术和要素，以便于增加其服务的价值。在对服务营销的管理中，服务创新管理就是合理选择服务营销的类型、规划服务创新的步骤及制定服务营销的蓝图，以期能够充分发挥其对服务营销的促进作用。服务的创新与产品差异化存在着密切联系。服务经济的飞速发展离不开服务各方面的创新。当然，在服务经济增长的过程中，也会出现各种冲突和矛盾，解决好这些冲突和矛盾才能够更好地促进服务经济的增长。

一、服务与产品差异

与容易被复制和模仿的新型工业产品和先进技术成果相比，服务产品具有无形性、顾客黏合性等特点，使其本身缺乏更强的独特性和唯一性，难以被全面地加以复制和进行模仿。而服务企业的服务差异化可以为顾客提供与众不同的服务，进行差异化营销，如海底捞的免费增值服务等。

差异化服务策略的主要特点包括：一是服务商和产品的价格差异较大，价格水平高低分明；二是服务要兼顾成本与客户价值，为注重成本的用户和消费者提供优质低价的产品，为注重价值的用户和消费者提供差异化的产品来实现对其他产品的溢价；三是服务组织的设置、服务资源配置都是以差异化的服务需求为导向，差异化的服务根据产品种类、客户价值、顾问群体特征、顾问行业等因素来确定。

差异化营销的主要优点是：有针对性地满足各种类型具有不同特点的顾客人群的各种个性化服务要求，能够极大地提高其服务产品在市场上的竞争力与顾客满意度。

差异化营销的主要缺点是：由于其服务的种类、分销渠道、广告宣传的范围扩大化和多样性，市场营销费用可能会得到较大幅度的增加。所以，无差异化营销的竞争优势基本上已经变成了差异化营销的竞争优势。同时，采用此策略是因为企业在生产经营中的成本和销量同步提高，但市场效益不一定能够同步提高，可能面临着新技术的应用、新服务的开发及新市场教育等风险。

所以必须明确，服务应该构建核心竞争力。难以实现差异化及很容易被竞争对手取代的服务创新是没有价值的，企业在进行服务创新时，应该找到能够为这种服务构筑较高竞争壁垒的有效手段，使竞争对手难以进行快速复制。

专栏 1-5

凭差异化题材突围，长线积累模拟经营游戏

眼下，模拟经营是一个令人眼热的品类。模拟经营可挖掘的题材非常多，在题材之上可以进行不同风格的美术设计，在题材之内又有许多机制和玩法有待创新，总之，有不少空间可进行差异化。在外界眼中，2020年

火到出圈的《江南百景图》给模拟经营添了一把火。舜水网络认为，模拟经营游戏这几年的用户在持续增加，而且玩家对自身的定位也较清晰，他们就是喜欢玩模拟经营类游戏。

1. 公司介绍

舜水网络成立于 2019 年，是一家年轻的互联网公司，由深圳手心游戏和厦门本捷网络共同投资的游戏发行公司，定位于细分领域的发行。由舜水网络自研自发的《萌趣医院》自 2020 年 5 月上线以来获得了 13 次 App Store 推荐，在华为等主流安卓渠道的游戏中心稳居品类前列。

2. 在未饱和的细分领域深耕，凭差异化题材突围

《萌趣医院》的主要玩法很好看懂，玩家以院长的身份建设一所医院，通过合理布置接诊台、科室、药房、病房，培养医生、护士及医院职员，接待前来就诊的各种病人，不断扩大医院规模。此外，游戏中的一些小玩法和突发事件也堪称亮点。如果只从表面来看，《萌趣医院》的综合品质在移动端模拟经营游戏中只能称得上中规中矩——但这很难解释它迄今为止在各大渠道上的表现及玩家之中的反响。而其中最关键的问题是：在模拟经营产品中，《萌趣医院》是凭借何种特质脱颖而出的。在模拟经营这个细分品类里，但凡能想到的题材都有人做了，做总裁、大官乃至当皇帝，这些游戏本质上都是模拟经营。它们的思路也非常传统，"用地位让玩家产生代入感"，既然现实生活中玩家无法企及，那么干脆在游戏中实现。

舜水网络认为，开医院、当医生有点不一样，它不像皇帝那么高高在上，却很有荣誉感。当医生救治病人、当老师教学生都是小事情，讲平常老百姓身边的故事，如果把这个作为游戏的卖点，会相对平民化一点，娱乐性更强。

医院题材的普适性消除了玩家与游戏间的距离感，自然更容易打动玩家的内心。基于此，舜水网络还在《萌趣医院》中加入了游戏成瘾症、猫奴病、失恋症等生活中常见的心理问题和社会现象，试着用诙谐的语境重新解构当代生活。当下所有行业都有娱乐化的趋势，过去高不可攀的严肃事物经过年轻一代的冲击已经"摇摇欲坠"，越来越有娱乐精神。同样的道理放诸游戏上，越来越多的休闲游戏在朝着幽默戏谑的方向发展，倘若再加上一点社交属性，产品很容易吸粉提量。

根据舜水网络的统计数据，目前《萌趣医院》70%的用户是女性玩家，其中学生群体和35岁以上的用户占大多数。而针对年龄、性别等用户画像，舜水网络会结合用户的使用机型匹配明星。

3. 总结与启示

未来，舜水网络希望通过这些年对细分品类的耕耘、对用户的理解及对市场的洞察，在技术及产品等维度建立自己的壁垒。经过数年发展，模拟经营品类和女性向赛道仍属于不饱和的细分品类，市场还很大，也有足够的"蛋糕"可供行业同仁分享。因此，舜水网络非常希望能将这几年积蓄的开发及发行经验与业界分享，赋能于同样专注细分品类的游戏开发者。

（资料来源：作者根据多方资料整理而成）

二、服务经济的增长

虽然关于我国服务经济的研究已有近半个世纪，但是学术界目前尚未对服务经济给出明确的定义。目前，学术界对服务经济定义主要有三种：一是从我国服务业市场规模的角度出发，当我国服务业对GDP与就业的贡献率分别达到50%以上时，就可以称为服务经济；二是从经济属性、特征两个角度出发，和传统的农业、工商业经济相比，存在特殊属性与特征的一种经济形态被称为服务型经济；三是从经济社会发展阶段角度出发，把农业、工商企业和经济发展逐步推动的新时期称为"服务型经济"阶段。

在对上述三种定义模式进行总结的基础上，我们可以得到服务经济的概念——以知识、信息、智力等要素的生产及应用作为核心驱动力，通过法律法规及市场经济提供制度保障，采用人力资本及科学技术投入为主的生产方式，将服务产品生产及资源配置作为经济社会发展重要基础的经济形态。

经过近半个世纪的演变和发展，服务型经济已在全球范围内进一步推广和普及，并逐渐演变为未来全球化和世界性经济的主流形式。和欧美发达国家相比，虽然服务经济概念进入我国的时间相对较短，但在我国经济结构转型进程日渐加快的背景下，服务业在我国保持着迅猛增长之势。

服务型经济有服务化、融合化、网络化、高端化和两极化等形式和特点。

1. 行业未来的发展趋势：服务化

在这个新型的公共服务市场化的时代，服务业已经成为推动我国经济社会和国民经济快速增长的一个非常重要的驱动力，各种新型的服务不断涌现，极大地改善了现代人们的社会日常生活服务质量。产业链的核心价值创造环节向服务环节转移，处于上游的供应商也开始向服务化转型，纷纷从最初的专注生产向用户个性化的定制服务转型，各种全新的服务极大地提升了人们的生活质量。

2. 行业发展的融合化

随着现代科学信息技术的不断进步和发展，不同行业之间的边际界限越来越模糊，跨界融合已经成为一种新的生活常态，农业、制造商及服务行业不断融合的趋势也十分明显。

3. 企业经营管理运作的网络化

随着现代信息技术的进一步普及和推广，企业价值链已经演变成以服务于经济时代核心产品为主要价值链的组织形态，而且其企业经营管理的组织架构及其运作模式日渐走向了网络化及扁平化。为了整合优质资源，连锁制、联盟化及平台化成为主流，能够有效应对外界动态变化的网络型组织结构受到了企业的青睐。

4. 生产活动高端化

在服务经济时代，生产活动的知识及技术含量更高，生产活动高端化特征凸显。由于我国经济生产能力的幅度增强，整个现代化的人类经济社会已经开始逐渐步入产能过剩时期，对接广大用户个性化需求的定制化产品和服务也受到了企业的广泛关注，在深度挖掘消费者需求的同时，为广大用户提供个性化的定制产品和服务已经成为企业有效适应市场竞争的重要方式和手段。这也给生产活动带来了更高的技术要求。

5. 就业与收入两极化

就业结构呈现两极化，以金融、计算机为代表的高端优秀人才能够获取极高的收入，当然这些工作岗位本身所要求的知识水平、技能熟练度等也处于较高的水平；而类似家政、道路维护、社区服务等行业由于对工人的知识与技能要求相对较低，即便没有经过专业训练也能做好这些工作，其薪酬待遇相对较低。与传统工业时代相比，服务经济时代的就业结构两极化特征更为突出。

三、服务冲突问题

在服务工作中，一线员工经常会面对很多个人之间或组织之间的冲突。如果对这些冲突处理不当或者对此不加以注意，他们就会产生工作压力，对工作不满意，从而使服务能力下降。一线员工在提供服务的过程中，代表的是组织，同时，还得与顾客打交道，因此必然会遇到各种冲突，服务冲突包括以下几种。

1. 个人与角色的冲突

企业要求员工扮演的角色与员工本人的价值观、性格和自我认识有冲突。在工作中，企业通常要求一线员工按工作要求行事，而员工可能会感到这些要求不符合他们的理念与个性，从而造成自我与角色的冲突。

2. 企业与顾客之间的冲突

一线员工经常面临一个问题：是遵守公司的规则还是满足顾客的要求。通常来说，企业制定了相应的规章和程序，并要求服务人员遵守。但是企业所制定的标准、规章与顾客的服务需求或许会存在不一致，在这种情况下，员工就需要处理顾客要求与企业的服务规章、标准和程序之间的冲突。这种问题在不以顾客为中心的公司中十分常见。

3. 顾客内部的冲突

当两个或更多的顾客有不同的服务期望时，很容易引发顾客与顾客之间的冲突。顾客间的冲突在很多服务中都很常见，如超市结账时有人插队，在公共场所有人大声喧哗，在禁烟区吸烟，在餐馆中高声打电话，在公交车上抢占座位等。当出现这些情况时，顾客往往要求服务人员介入，去纠正不守规则的顾客的行为，并解决双方之间的纠纷。

四、服务决策方法

与标准化的产品相比，服务更加个性化，没有统一标准，企业必须根据客户的具体情况和要求提供适宜的服务，这就需要企业服务人员与客户进行持续深度的沟通互动。然而，不同企业文化间的差异很容易导致服务增强过程中出现客户需求与企业文化冲突的风险。

首先，针对服务企业内部的冲突。可以运用营销的思维激发员工的工作热情、挖掘员工的潜能。一方面，内部营销"将员工当作顾客"，是为了激励员工并使其满意，进而提高服务质量使顾客满意。内部营销的根本思想就是如何使内部营销形式内部化，把员工当成顾客，把服务机构视为内部的市场。另一方面，内部营销能够消除部门间的矛盾和冲突，向内部员工营销自己的产品和服务，其实，企业实施内部营销的最终目的是提高企业内部绩效。我们可以将内部营销划分为理念性内部营销与战术性内部营销，以此考察实施内部营销的效果。

其次，针对服务企业与顾客的冲突。留住顾客、维持良好的顾客关系并获取关系价值是企业关系营销的目标，但有时顾客关系会遇到麻烦与挑战，会出现关系矛盾、关系冲突或关系终止的情况。企业的某些失误或负面信息往往是导致顾客不满意甚至关系断裂的主要原因，一些强势品牌企业也不能幸免。但关系的断裂并不意味着企业与顾客之间就永远分道扬镳而没有了机会，这个时候需要企业纠正自己的错误，脚踏实地做好自己的事情，用行动、用诚意唤回顾客的信任，寻找机会、创造机会与老顾客再续前缘。

第四节　服务建设

服务战略离不开服务建设。服务企业在进行创新的同时还要注重体系化的建设，成功企业建立的是以顾客为导向的服务体系。企业在运营过程中，要将产品与服务结合在一起。以顾客为中心的服务体系建设的目标是能够创造出最大的价值，而服务管理又是服务价值创造的前提条件。

一、服务体系

服务战略定位形成之后就要推动其落地发展。引导服务战略落地，企业不仅要形成服务文化，还要建立一系列服务策略。例如，明确企业应提供的服务内容、服务方式、服务承诺，制定科学的服务操作规范和满意度评价体系，建立合适的服务组织，配置一定的服务人员与设备引导服务战略落地。如果缺失服务体系的配合，服务战略就难以落地。

同时，要引导服务战略落地，在建立完善的服务制度外，企业必须具备强大的实施能力。只有每位员工都做好了自己的分内之事，将自己所负责的服务策略落实好，才能保证整个服务战略落地。另外，对于一个企业来说，要想做好服务就要在工作中做好细节，要以与客户的接触点作为基础提高服务质量，保证公司的服务策略能够成功落地。

一个成功的服务企业需要建立顾客导向的服务体系。顾客、员工、技术、时间是建立成功服务体系的四大要素。顾客是核心，其作用是最大的，要始终坚持顾客导向；此外，员工的理念、态度、行为及对机构的忠诚度和服务绩效也很重要，如果员工不能以顾客为导向履行职责，企业营销就很难成功；现代信息技术是营销实施的技术保障；时间也是一种非常重要的资源，时间管理不仅会增加成本，也会影响企业的绩效。

企业的顾客服务制度体系建设必须全面地整合和充分利用各个组织的资源，构建以顾客为主要导向的顾客服务制度，将其服务的生产和消费全过程进行有机协调、良性互动，不仅要致力于高质量地完成每一次与顾客的互动，还要致力于建立、维护和优化与顾客的关系。服务营销的研究和实践均表明，围绕人际交互特征，服务型企业通过构建良好的内外部交互关系，即企业与员工、企业与顾客，以及员工与顾客的互动关系，能够有效地实现营销目标，提升企业在服务市场的竞争力，获取和维持竞争优势。

客户服务文化作为服务体系中不可缺少的组成部分，既能增加企业文化的内涵，还能进一步凸显企业的竞争优势。在实施过程中，企业管理层人员要起到带头示范作用，在日常管理过程中提高员工对客户服务的重视程度，以客户为中心开展各项工作，通过统一培训提高员工的专业水平，激励员工发挥创新思维，提高员工的积极性与主动性。

近年来，服务外包产业在推动我国服务业转型升级中扮演的角色越来越重要。随着当前我国现代科学技术信息及基础技术体系持续取得突破，信息基础配套服务设施不断完善，移动端和互联网、物联网、大数据、云计算等新一代高科技产业信息服务产业和公共服务体系的不断完善发展与推广应用，为信息服务产业系统、信息产品技术创新和系统技术升级应用提供了有力的技术支撑。

二、服务运营

21世纪后，企业在生产运营管理过程中受到了诸多环境因素的影响和限制。为了适应市场需求，必须在生产中进行一系列持续性的技术、产品和服务方面的创新，与此同时，创新能力也逐渐成为企业市场竞争的重要焦点。在当前的移动互联网时代下，产品更新换代的步伐和发展速度越来越快，企业通过应用先进技术手段，就能提高自身的技术创新能力，对产品和服务进行升级。

以往，产品与服务的创新需通过产品及服务自身的改进集中反映出来，按照之前的思维模式进行的产品创新是纯粹产品创新模式，在这种模式下，企业主要通过开发新产品来开拓市场。如今，在移动互联网时代下，信息技术水平持续提高，产品与服务创新已突破了原有模式的限制。企业在发展产品及服务的过程中，不会局限于原有的思维方式，而是从更加全面的角度对产品与服务进行优化。

近年来，产品生产企业及经销商之间展开了激烈竞争，与此同时，人们对服务的重视程度也逐步提高，服务创新的价值凸显，在这种趋势下，有些企业为了加快自身发展进程，在经营产品的同时，开始面向消费者提供配套服务，此类企业对产品附加服务创新模式进行了实践。另外，企业可在服务输出过程中获取消费者的需求信息，当用户积累到足够规模后，便可进军制造领域，打造独立品牌，优化传统发展模式。除上述几种方式外，部分企业在进行创新时，会将现有产品与原有产品，或者将现有服务与原有服务进行融合，充分发挥两者相结合的价值。很多科技类企业会采取此类模式进行创新，使新产品或新服务能够更好地对接消费者需求。

在运营过程中，大部分制造企业致力于向市场推出符合消费者需求的产品。然而，近年来，企业的产品缺乏差异化特征，在制造领域展开了激烈的市场争夺战。制造行业的利润空间被逐步压缩，部分擅长经营的企业开始推出优质服务，围绕产品输出，向消费者提供配套服务，从而增加自己的利润，并逐步形成完整的发展模式。

企业在运营过程中将产品与服务相结合，能够使企业更加从容地应对现阶段下激烈的市场竞争环境。具体表现为以下三个方面：

第一，使企业不再仅仅依靠产品开展运营，能够将产品与服务连接起来，精确瞄准目标消费者，从产品销售中获得更多收益。

第二，企业可涉足与产品相关的服务领域，突破传统发展模式的局限性，增加利润来源渠道，并通过这种方式提高企业运营的安全性。

第三，在向消费者提供产品配套服务的过程中，企业可以获取消费者的需求变化信息，明确消费者对当前产品的接受度，能够使企业与消费者进行深度沟通，增强用户黏度，使企业及时感知市场需求的变化，并迅速采取合理有效的应对措施。

专栏 1-6

雅居乐——打造高效智能共享服务体系

人力资源共享是近年国内热门的管理转型模型，在各行各业的应用日益广泛，而且也不乏成功的案例。人力资源共享通过不断变革和引入最新技术，为企业发展提供战略支持和服务，致力于为企业创造更高的价值。

作为一家有28年发展历史的老牌房地产企业，雅居乐对人力行政共享服务有着不同的思考和探索。在外部市场形势不断演化及企业发展战略不断调整的过程中，雅居乐更是领先于同行并不断进行探索和实践。

1. 公司介绍

雅居乐集团公司（以下简称雅居乐）成立于1992年，是国内较大的一家以房地产项目开发投资为主，多元化的经营和各业务相互配合协同发展的大型综合性房地产投资企业。一直以来，雅居乐密切关注着中国当代年轻人们不断追求家居美好生活的殷切希望，努力发展成为国内优质的家居生活用品服务生产厂家。

2. 以价值创造为目标打造共享服务体系

雅居乐于2015年开始确定了"地产为主，多元业务协同发展"的"1+N"模式，构建更为稳健多元的产业发展格局。目前，已经形成了以地产、雅生活、环境、雅城、住宅、房管、资本投融合、商业治理及城市变化与更新为主要产业集团协同发展的格局。

面对蓬勃发展的多元化发展形势，如何确保集团战略目标实现的可控性，又要兼顾产业发展的差异性和灵活性，从而实现高质量的增长呢？在公司多元化业态的情况下，传统的人力资源部门必然要面临业务标准差异化大、项目及员工分散、系统平台不统一等诸多挑战。因此，作为雅居乐战略模式下的核心部门，人力行政工作必然面临着转型。

雅居乐人力共享服务中心负责人邵显敏表示，为应对这些挑战，雅居乐人力行政工作转型的思路是从服务支持向决策支持转型，就是在做好服务支持的基础上，能更好地为公司提供决策支持。而共享模式能更好契合公司战略发展要求，通过整合资源、统一规则、拉通标准、打造平台，为差异化的各产业提供支持，这成为人力行政共享的价值起点。

据介绍，雅居乐人力共享服务中心于2019年7月成立，并制定三个发展阶段，通过设立员工关系、薪酬福利、运营管理、档案管理四个职能模块，集成人力数据、流程引擎、业务调度、法人信息管理、电子印章等几大平台，打造高效的共享服务体系，不断提升组织效能。

成功的共享服务实践必然离不开卓越的业务运营。雅居乐人力共享服务中心通过聚焦服务模式创新、平台整合、数字化应用、数据治理等方面，不断推动人力行政共享价值向纵深发展。

在服务模式创新方面，在业务交付产品的设计中，梳理出标准模式和一线模式两套业务交付标准，以达到拉通产品底层逻辑，兼顾不同产业业务现状的目的，来适应业务需求。除此以外，档案管理共享服务作为业内的首创模式，搭建统一的档案管理平台、电子印章平台、法人管理平台，对全集团的档案、印章、法人信息进行信息化和数字化管理。

在平台整合方面，为统一标准、规则，同时顺应共享集中处理基础性业务的需求，雅居乐人力行政共享服务中心整合了人力主数据平台、流程引擎、工单平台，并综合档案管理系统、法人信息管理平台、电子印章平台，横向拉通多元产业业务数据的基础上，深化纵向的落地支持服务，实现资源、数据的互联互通。

在数字化技术应用方面，雅居乐人力共享服务中心通过采用最新数字化技术成果，大力推动电子签、RPA技术、智能语音机器人等数字化应用，为企业运营提供更加高效的服务与支持。譬如在电子签应用上，通过对OA表单、E—HR字段、电子印章平台、法人管理平台进行打通改造，快速推动电子签在各种业务场景的应用，为多元产业员工提供及时、快速的线上服务。

在数据治理方面，雅居乐人力共享服务中心通过关键字段维护机制、流程实时监控、异常流程预警机制等手段建立共享的数据治理机制，同步开展数据质量检查及风险预警，来逐步提升数据准确性，最终为各产业集团提供人力数据分析服务、报表服务、人力共享业务监控服务，通过数据反哺与产业集团构成良好的沟通协作。

雅居乐人力共享服务中心成立一年多来，显著提升了组织效能。在服务效率不断提高的同时，共享服务创新模式进一步降低了企业成本。数据显示，成立一年多来，人力共享服务中心工作效率大约提升了 40%，成本大约节约了 15%。2020 年上半年，单单在电子合同、电子证明应用场景，就为公司节省了 200 多万元。

3. 总结与启示

在共享经济的潮流下，越来越多的企业依靠数据与科技的赋能，走上了向精细化管理要效益的管理创新之路，并打造了卓越战略管理体系，推动企业持续稳健发展。

雅居乐人力共享服务中心的成功实施，已经让雅居乐集团人力资源管理先行一步进入了"共享服务时代"。此外，财务共享中心作为另外一个关键部门，也取得了显著的进展，共同促使雅居乐实现卓越的管理。随着技术的应用与时代的变化，各行业的人力资源共享都在不断探索更卓越的发展路径，不断创新模式，用产品化思维运营、员工体验升级、数字化转型等手段不断深耕，人力资源共享已然远远超越了原来常人认为的事务性、基础性服务的层面，将发挥越来越核心的战略价值。

（资料来源：作者根据多方资料整理而成）

三、服务创造价值

在以客户为中心的消费社会中，企业只有充分满足客户需求、为客户创造价值才能实现商业目标。与制造业的创新相同，服务创新的最终落脚点也是满足客户的需求，如此才能真正实现服务的价值。服务价值主要包括两个方面：为客户创造额外的收益增长，或者提高效率、帮助客户节约成本。这也是增值服务的最大特质——为客户带来产品或服务本身之外的额外价值。

服务营销模式作为行业创新的一个重要维度，通过行业深度数据分析了解顾客的整个价值链，找到其中的一个价值缝隙。价值缝隙指客户尚未在自身的价值链或者价值网络中得到满足而存在的一种显在性或潜在性的需求。企业发现这些具有价值的缝隙后，设计相应的服务供给客户，为其创造更多的价值来填补与其他客户之间的价值缝隙，从而充分地满足了客户的需求。因此，第一个维度是指价值链服务创新，即从客户价值链的角度出发，分析客户所购买的产品在其价值创造过程中的角色功能，并思考在价值创造链条中，该产品如何与上下游实现价值对接。

价值链主要是指客户内部的价值创造过程，而客户在整体产业生态系统中也必然会与其他众多企业形成协作互补关系，即客户的价值网络。由于这些企业是客户进行价值创造不可或缺的部分，因此企业在为客户提供服务、创造价值时，应从客户内部价值链拓展到客户赖以存在的整个价值网络。

随着各个产业领域信息技术的标准化和移动互联网通信技术的发展，可以利用行业标准和移动互联网技术对价值型网络企业进行整合。因此，能够帮助企业和客户在价值互联网中占据一个更有利的地位，以及帮助企业成为一个价值互联网的平台。运营者也可以从为消费者提供产品和服务的角度，为企业开展服务模式创新开辟一条有效途径。

服务模式创新的另一个维度是通过企业技术转型升级乃至工业化与信息化等经济发展相结合，以服务的形式为客户和消费者提供更高的产品价值——客户能够通过这种形式进行创新或者服务来拓展市场，或者能够提高效率，优化成本结构。

围绕产品的技术升级能够衍生出诸多服务机会或服务创新思路，因为不是客户购买产品就完事了，产品的持续使用、维护、保养甚至优化升级等都需要企业与客户保持密切连接。

需要特别注意的是，与基于对产品的售前服务和售后服务不同，后者主要关心的就是对产品进行安装、调试、保养、维修等，是企业兑现对自己产品价值的承诺；而前者则主要是专注于对企业和客户整个产品寿命和生命周期进行维护和服务，即企业可以通过对产品升级、技术转型升级和保修维护等多种手段最大限度地扩展和延长其产品寿命和生命周期，使自己的产品可以为更多的客户带来价值，并在这一过程中催化出更多提供服务的机会。

同时，若在产品的技术升级中有效地融入物联网、大数据、云计算等新的一代互联网和信息化技术，也将更有利于推动企业开拓出更多基于自己产品的增值服务，这是当前我国传统制造业产品服务领域转型和突破的重要方向——结合移动互联网、云计算等创新技术来创造性地发展产品和服务。

四、服务管理

服务的非实体性、差异性、过程性、不可存储性反映出了服务业与其他行业的本质差别，因此，服务机构要想在开展服务管理与营销的各种活动中都必须充分考虑到服务的特性，发挥并利用它们的特性，克服并回避它们的差异，这样我们才能使服务管理与营销的理论更好地切合我国服务行业的实际，从而提高战略的针对性与有效性。

首先，针对服务的非实体性，服务商要管理好服务展示。顾客虽然看得到自己的服务，但却只能直接看到所提供的服务环境、服务工具、服务设备、服务资料、服务信息、服务数据、服务价格表、服务中的其他客户等，这些都是顾客所需要了解的无形服务的有形线索，服务组织者很有必要针对性地把服务的有形物及可能直接传递给客户的服务价值感知信号和线索加以管理。

其次，针对服务的差异性，服务商要管理好服务人员。我们知道，造成服务差异性的主要原因是服务人员的气质、态度、修养与业务水平等，不同人提供的服务往往产生不同的内容、形式、质量与效果。所以，服务部门必须要求对其他服务工作人员实施有效管理。

再次，针对服务的过程性，服务商要管理好服务过程。服务是一系列的行为和过程，在顾客消费某种服务时，顾客所接触到的其实主要是一系列可操作性的步骤。在与顾客进行接触时哪怕是一个微小的细节出现了失误，都很有可能大大降低顾客服务满意度，往往"一招不慎，满盘皆输"。

最后，针对不可存储性，服务商要合理地管理好其服务的供求。由于商品和服务具有一定的不可存储性，不太可能像商品那样在淡季或处于低谷时储存下来，到旺季或处于高峰期再卖出去，不能像制造业那样单纯地依靠商品库存量来缓冲并且适应市场需求的变动。

总之，服务的不可持续存储性造成了服务行为中供求关系的矛盾，也导致服务行为规模经济很难真正实现，这就需要服务机构必须针对其中的一部分服务行为加以合理化管理，促使其供求关系趋于均衡，这样既能有效地化解供求矛盾，满足客户的需求，又能有效地促进一部分经济目标的达成，减少一部分服务行为能力的剩余损失，从而改善和提高服务机构的运行经营效益。

章末案例

苏宁——零售服务商的蜕变

2020 年"6·18"，苏宁发布"J-10%"计划，该计划主要针对家用电器、手机、计算机、超市等品类进行"荏价"，全面监督价格并随时调整。如今，新的购物节——"苏宁 8·18 购物节"将至，"J-10%"计划却仍在继续，而且品类更全，力度更大。

对于用户，苏宁与京东的竞争自然有利无害。对于苏宁，则要仔细考虑如何发挥优势，才能在竞争中拔得头筹。苏宁董事长张近东认为关键在于两个字：服务。问题是，怎么打好服务牌？

1. 服务：让用户更近一步

苏宁成立的前30年，从专业零售到连锁零售再到互联网零售，如今三十而立，又升级为"零售服务商"。"零售服务商"重点落在了服务二字，而何谓"好服务"？提供好服务的第一步是贴近用户，离用户足够近。无论何时，当用户产生需求时，平台都能做到迅速满足。在这一点上，苏宁有很大优势。

首先，线上线下的场景优势。早在2009年便上线的苏宁易购，经营多年的线上场景让苏宁触达更多用户。近些年大热的直播电商和社群营销，苏宁同样娴熟。不久前，在抖音和苏宁易购的首场专场直播中，罗永浩带货开播90分钟破首场带货直播1.2亿元记录，最终销售额突破2亿元。

其次，除了线上、线下的渠道多元化，苏宁的业务场景也在不断拓宽。经过这些年的自身发展及对外并购，苏宁的业务已经横跨了电商、物流、商贸百货、金融、体育、文创等版块。如果仔细审视具体业务，会发现苏宁也一直在拓宽业务的广度。除了一贯强势的家电3C品类，近些年苏宁还在家居、美妆、母婴等品类发力，如Hygge等。乍看起来，布局全场景零售的苏宁涉猎复杂，其实本质很简单。足够靠近用户，才可能让用户随时随地享受其所需的服务。

2. 服务：为用户提供更优体验

离用户更近，仅仅是好服务的基础。

在满足需求的基础上，为用户创造更大价值和更优体验，让用户更爽一点，更是好服务的核心。

首先，必须深挖用户需求，直击痛点。例如，在"苏宁8·18购物节"中，许多大众品类、知名品牌的商品都有大幅度降价，这背后逻辑其实是"消费者喜欢什么就降价什么"，因此选品才会聚焦在行业TOP品牌。

其次，要做到超预期的用户体验。张近东对员工分享道，"苏宁是靠服务起家。"在创业的初期，苏宁深谙空调"三分产品七分安装"的道理，建立了一套专业的服务体系，包括空调销售、配送、安装、维修与保养。苏宁从一个200平方米的小店成长为世界500强企业，动力来自"炎炎夏日无须东奔西跑，买空调还是苏宁好"的超预期体验。因此，确切地说，苏宁是靠超预期的服务起家的。

2020年苏宁提出的"J-10%"计划，更是一种可感知的超预期服务。据悉，在6月18日当天0:00—1:00，"J-10%"省钱计划，相对京东同款商品价格，就为消费者节省超过1亿元。而在"苏宁8·18购物节"中，"J-10%"的选品只增不减，拓展到全品类。

最后，确保良好的用户体验可持续、可升级。如果服务忽好忽坏，良好体验不可持续，或者服务不能随着时代发展与时俱进，企业发展也势难持续。例如，物流速度怎么保证？上文提及的全场景是一大关键，2019年苏宁乡镇物流覆盖了95%的县镇，所以针对四至六线城区、县城及所辖乡镇、农村地区，能做到"24小时送装"，"1小时服务圈"则覆盖了全国15万个以上社区。除此之外，科技也是一大推动力，苏宁的全国首个5G无人仓，拣选效率600件/小时，商品最快20分钟出库，丢包率接近于零，相比传统人工拣选效率提升了5倍。

3. 服务：打造新战略方向

提供持续性的好服务，离不开企业对极致体验的追求。归根结底，好服务与企业文化和战略方向息息相关。"三十年披荆斩棘，最终凝练成一句'专注好服务'""坚持利他之心"。张近东把服务好用户视作苏宁的立身之本，背后映射出的是用户导向的企业文化。

专业零售、连锁零售、互联网零售——苏宁过去30年的身份转变源于新需求和新技术的驱动，如今升级为零售服务商的动力，同样如此。由新技术、新模式催生出创新服务，做到超越行业标准的服务体验，让用户尖叫,这正是苏宁一直以来的战略方向。

所以,与在"6·18""8·18"等购物节中参与价格战相比,通过更好的服务来提升顾客在购物全过程中的满足感,更是重中之重。

对于苏宁而言,不论是面对京东还是其他对手,不仅要能打短期价格战,更要永远优先考虑如何在长期的价值战中保持和扩大优势。身处零售行业,服务是苏宁能为用户提供的最大价值。所以,企业文化和战略方向要始终专注好服务,追求极致体验。就像张近东说的:"服务满意度没有'比较好'。只有0分和100分,没有99分的概念。做到了,用户就会信任你;做不到,用户就转身离开。"

(资料来源:作者根据多方资料整理而成)

本章小结

服务营销战略和管理的研究内容非常广泛,在进行服务营销前,需要了解服务的具体定义和分类,以及服务营销管理的核心。其中,服务营销管理是以顾客为导向的服务关系的管理,所以服务战略要随着消费者观点改变而做出相应的对策。同时,企业要根据服务的需求和供给关系变动来调整自己的服务资产,利用价值链为服务相关者提供更高的价值。此外,服务的建设离不开服务创新,服务创新能够解决在新阶段服务产生的冲突。因此,总体来看,服务管理的内容应该包括服务的特性和其对服务营销和管理的影响、服务产品的策略、服务定价策略、服务分销策略、服务推广策略、服务宣传策略、服务展现策略、服务人才策略、服务过程策略、服务供求策略、服务技术管理、服务质量管理、服务品牌管理等。

第二章

服务平台

> 勤奋、努力加坚持等，这些只是成功的必要条件，最关键的是在对的时候做对的事情。
>
> ——小米集团创始人 雷军

服务平台模式是现代服务企业长期探索的结果。当然，分析各种服务模式的过程也是市场开拓的过程。服务平台是在移动互联网、云计算、物联网等新兴技术不断发展的基础上，形成的第三方服务枢纽。目前，随着服务平台在现代服务业中逐步推进，服务平台的作用正在从支持现代服务业的发展转变为引领现代服务业的发展。对于企业发展来说，服务平台的发展方向至关重要，尤其是在增强企业竞争力、促进企业发展等方面起到了重要作用。基于此，电子商务等新兴服务业得以发展壮大。

> **开章案例**

红星美凯龙——成功变身的家居"包租婆"

一向位居话题榜的家居行业，最近进入了投资者的视野。行业内最引人注意的便是红星美凯龙，但对于红星美凯龙的认识，多数人只停留在"家具销售商"的层面，却不知其已悄然变身家居"包租婆"，成功实现家居产业链的完美布局，成为家居领域响当当的品牌。

1. 公司简介

红星美凯龙家居集团股份有限公司（以下简称红星美凯龙）分别于 2015 年与 2018 年在香港和上海的交易所主板上市，率先成为行业中的 A+H 股。该公司用心感知消费者需求，并凭此不断创新，从而在行业竞争的洪流中脱颖而出。至今，公司已步入中国民营企业前 500 名之列，是全国范围内在经营面积和商场个数都位居家居行业榜首的服务商。公司的产品品牌多达 20000 多个，成功实现战略合作联盟的经销商将近 70000 名。为成为中国家居行业一流的全渠道平台型企业，公司仍在不断地创新零售方式，加大资本投入。

2. 探索零售新模式，创建服务闭环

自成立以来，公司加快创新步伐，成功完成从小型家具专卖店到如今超级市场般的"一揽子"家居服务广场，产品品牌中高端家具品牌将近 1000 个，其中有 400 个以上是国外家具品牌。公司正加快创新步伐，以网络平台和实体店零售的融合为战略导向，弥补销售空白，实现服务的无缝衔接，以此引领行业零售方式。

（1）稳固优势：加速布局线下产业。

互联网确实是一个不容忽视的赛道，但并不是家装的主流消费场所，因为家居固有的属性决定了线下的消费需求是不可替代且长期存在的。

为了加速布局线下产业，红星美凯龙在2019年2月底与中国对外贸易广州展览有限公司达成合作协议，双方共同成立会展公司，这能有效地帮助其涉足家居会展领域。自此，一方面可以获取新的收入来源——会展运营；另一方面也可以充分激发公司线下商场、品牌和合作伙伴资源的活力，让其发挥更大的价值，实现公司主业的发展。

在自身品牌的滋养下，公司正朝着品牌输出及管理努力。截至2020年第二季度，其在全国209个城市线下商场总经营面积约2100万平方米，用覆盖209个城市的卖场给自己搭建了一个线下坚固的护城河，公司自营的商场在数量上远远落后于委托管理的商场数量，这预示着公司已经在轻资产化的道路上越走越顺畅，成功实现了"以轻带重"的服务模式，如图2-1所示。

商场	其他	会展公司
自营商场87家，委托管理商场247家，特许经营家具商场50家，战略合作经营12家	430家家居建材店/产业街	由红星美凯龙与中贸展合作成立

图2-1　红星美凯龙线下体系构成

（2）合作破局：打造智能化线上服务。

嗅觉灵敏的红星美凯龙，早早便意识到电商时代的崛起必会削减线下销售的市场份额，影响经营的命脉。于是，凭借自身的平台优势——拥有海量的顾客和数据，联合其他品牌跨入线上销售领域，并不断摸索发展路径，以此弥补销售缺口、开拓市场。

家居行业的营销痛点是：家居行业的成本不断上涨，而消费者需求却呈现个性化趋势，在消费升级的环境中，当下营销除了以品牌打广告外，还需要找对客户，因此对无法精准寻找客户的家居行业来说，营销效率明显偏低。据此，红星美凯龙携手腾讯构建面向全球消费者的IMP营销平台，以智慧营销实现数字化转型，打稳了线上营销的地基。

构建IMP平台的目的是解决家居行业的营销痛点。对此，IMP平台帮助家居行业解决问题的创新逻辑是：通过"以货找人"的形式实现精准营销，提高顾客转化率。以IMP平台为途径，红星美凯龙协助家居产业链上下游的参与者完成数字化转型，有效解决了运营效率低下的问题，成功突破了家居行业发展的瓶颈；同时为顾客提供全方位、全周期的一站式家居购物服务和互动，符合公司的发展定位，即依托互联网等信息技术，为消费者提供综合性家居服务的超级服务商。

（3）聚焦市场：迎合消费升级。

为将自身打造为世界性民族品牌，红星美凯龙在洞察市场后实行多品牌战略，凭借自身强大的实力打造多样化的品牌，以此应对消费升级带来的多元化消费需求。首先，公司最具影响力的品牌是"红星美凯龙"。红星美凯龙致力于为消费者提供专业、一流的家居服务，通过塑造、引领并向消费者传播家居领域的艺术品位，由此引导消费者理解并接受家居理念，继而不断加深消费者对"红星美凯龙"品牌的专业化认知。其次，公司拥有在高端品牌领域闪闪发光的"红星·欧丽洛雅"和以轻时尚著称的"星艺佳"。最后，公司通过品牌使用权，将"吉盛伟邦"揽入多品牌战略中。

为进一步加快中国家居行业绿色发展的步伐，推动社会绿色家居的进程，同时满足消费者对产品品质的要求，红星美凯龙不断培养品牌向绿色环保理念靠拢，为每一位消费者的家庭环保贡献一份力量。目前，国家认证认可监督委员会支持红星美凯龙对家居产品质量标准和家居环保标准的制定，如图2-2所示。

2012年提出的家居建材行业"家居专家"的九项服务承诺	2015年推出"中国家居正品咨询平台",实现"绿色家居·正品追溯"	2016年正式发布绿色宣言

图 2-2　家居产品的标准制定

3. 以资本撬动资源，布局全产业链

在 2020 年"双 11"晚会上，红星美凯龙站在 C 位。新零售模式是红星美凯龙在业务上进行纵深发展的产物，而对于横向业务领域的布局，红星美凯龙也从未停止步伐。从智能家居产品到智慧商场管理，再到家居物流……红星美凯龙在产业链范围内通过资本实现全面的战略布局，以此打通并获取产业链中的丰富资源，其投资的企业包括顺利实现 IPO 的欧派家居，有望进入科创版之列的海尔特种电器及智谛智能等知名企业。

4. 启示与总结

红星美凯龙以新零售模式和战略投资获得业绩的增长，引领行业的发展。

首先，打破行业销售瓶颈，提高营销效率。红星美凯龙在扩大线下产业的同时，通过拥抱互联网巨头，获取当下流量，打破行业销售瓶颈，提高营销效率，提升销售业绩，实现新零售服务模式，并以多元品牌满足个性化的消费偏好和需求，以绿色发展理念迎合消费者对产品质量的要求，保证市场份额。

其次,打通全产业链资源,向"家居业务平台服务商"蜕变。红星美凯龙为实现对家居全产业链的战略布局,分别对家居产品设计、生产制造及市场营销各环节进行数字化投资,将机器人、智能生产和一系列智慧解决方案纳入公司的家居生态中,打通全产业链资源,向"家居业务平台服务商"蜕变。

(资料来源:作者根据多方资料整理而成)

第一节 服务消费者

在科技与现代服务业逐步融合的趋势下,大家都开始谈生态、互联网思维、服务创新及服务平台等热门概念,而这一系列概念都在不断冲破旧式思维。统计显示,2015年我国服务业占GDP比重超过50%,2019年达到53.9%。服务业占国民经济的半壁江山,意味着我国经济发展进入了"服务经济时代",现代服务业与互联网的融合已成为大势所趋。自此,形成了以消费者为导向的"服务+平台"的新模式。新兴市场也出现了全新的消费者对接平台,使体量庞大的资源、信息网络、信息技术等因素深入与服务业融合。

一、消费者行为与类型

消费行为反映顾客在服务消费过程中的整体心理与行为特点,小到商家的细微服务,大到商家手握的产品品牌,甚至是特定产品的关键参数(如功能、外观、价格等),都将对消费者形成造成影响,进而决定着消费者是否购买你的产品。消费者行为往往是服务效用的评价与反馈,需要引起商家的足够重视。因此,服务型企业需要了解顾客在购买、使用服务时如何做出决策,哪些因素决定或影响着顾客在实际消费过程中及消费之后的顾客满意度。只有准确理解顾客的服务消费行为，才能帮助服务型企业有效地识别顾客的服务需求，为服务价值的创造、传递和维护提供必要基础。

1. 洞察消费行为趋势，以"不变"应"万变"

当迈进互联网时代后，传统售卖方式的不断颠覆、生产成本的不断突破等都在推动着消费者角色发生变化。新时代消费者不只关注一件商品或服务的价格和效用，更多的将消费体验、消费场景及消费情感等计入消费因素中，消费者的需求是产品最直接的生产动力，也是颠覆服务意识的主人公。

首先，消费者购买形式多样化。消费者的消费观念和消费习惯随着时代的改变而发生改变，开始有了更高的要求，这也就致使新的营销形式不断涌现。在这种趋势下，消费者进行消费时能获得企业的更多关注与服务，企业会积极主动地与消费者进行交互式交流并及时地提供相应的售后服务。于是，互联网消费者接收到超越了传统单向的营销形式，出现了互动性更强、更好玩、更开放的电商直播和短视频营销及内容广告等，顾客也更乐于成为参与者和分享者。从而，消费者形成了新型消费购买方式，如表 2-1 所示。

表 2-1 新型消费购买方式

消费方式	产品特点	消费理由
迭代式购买	自然关注度	随着产品更新迭代的速度加快，消费者为了追求新颖与刺激，会不断对品牌下属的商品进行更新换代
系列化购买	有杀伤力	系列化的商品让消费者自成群体，为了保持某一相关的品位系列，就要不让品牌成为生活一部分
参与式购买	参与即代表购买	让消费者参与品牌的讨论、设计、意见发表等，潜意识里让品牌走进他们
冲动式购买	不一定是需要品	各种吸引人的促销方式使消费者在情绪冲动下进行消费

其次,消费者购买场景多转换。互联网的出现打破了时空的界限,无论是凌晨 1 点还是清晨 6 点,无论是在公交车上还是在卧室里,消费者都可以自由地进行网上购物并与商家进行信息传递。服务型企业可以通过分析海量且庞杂的购物信息,有针对性地激发消费者购物的主动性和创造性,促使消费者购买场景也发生了很大变化,如从消费的必需化到情景化、从消费的慎重感到即时感、从实体市场购买到虚拟市场购买、从区域购买扩展为全球化购买。

最后,消费者购买行为大颠覆。随着互联网技术发展,网络消费队伍也在不断壮大,追求新潮、绿色消费和高质量体验逐渐成为人们主流消费观。同时,消费者购买场景的转变在一定程度上影响着消费的购买行为,从而导致消费者的购买行为发生了诸多变化,如图 2-3 所示。

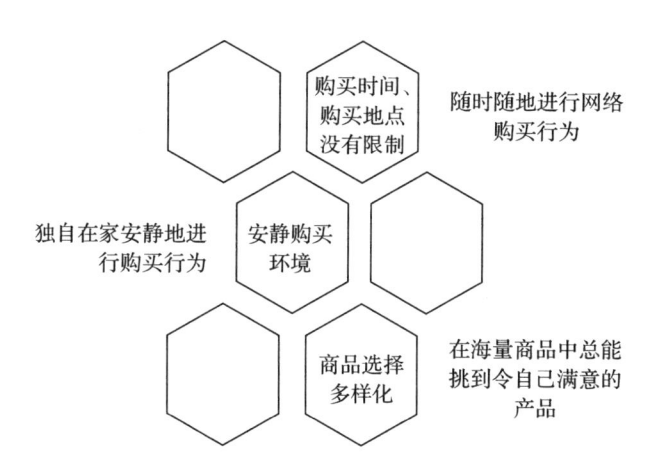

图 2-3 消费者购买行为的变化

2. 把握行为类型,逐个击破

服务型企业的服务营销管理涉及管理企业与顾客、企业与员工、员工与顾客,甚至是顾客与顾客的相互关系。可以根据顾客的特性,对各级顾客关系进行划分,如表 2-2 所示。

表 2-2 顾客关系划分

级别	定义	适用范围	目标	缺点
一级顾客关系	运用价格手段来刺激顾客进行持续的服务消费，进而建立起来的顾客关系	超市、酒店、旅游等行业持续进行促销计划	旨在发展顾客关系、刺激顾客重复并保持服务消费行为	短期性、波动性
二级顾客关系	在财务联系基础上寻求与顾客建立社会联系	记录会员信息，构建顾客信息资料库	强调运用个性化、定制化服务与潜在顾客、新顾客建立顾客关系	个性化、定制化
三级顾客关系	将服务价值传递过程进行全面、系统的综合设计，确保与顾客建立多层次、全方位的互惠合作关系	维持忠实顾客	能够构建维持和深化顾客关系的竞争壁垒，会极大地增加顾客转向其他竞争者的机会成本	关联强、范围广

首先，消费者行为的新类型。如今的消费者，刷信息的速度比 HR 刷简历还快。一般来说，顾客会因场合不同、目标不同或消费产品类型不同而做出不同的行为。产品服务必须要根据消费者的行为类型，快速抓住他们的注意力。根据顾客消费参与和服务差异程度，将顾客消费行为分为复杂型、协调型、习惯性和变换型四种类型，如图 2-4 所示。

复杂型
- 当客户选购价格昂贵、消费次数较少、风险较高的产品时，顾客需要认真思考后做出消费决策

协调型
- 当客户消费品牌差异性小的产品时，一般不会花费很多精力，从产生消费动机到决定消费的时间往往较短

习惯型
- 客户消费价格低廉、品牌差别很小的产品时的低参与行为，客户大多根据习惯或经验来消费这类产品

变换型
- 对于品牌差异很大、可供选择的产品，客户通常不会专注于某一品牌，而是经常变换品牌

图 2-4 顾客消费行为的类型

其次，消费者行为的新特征。顾客观念在变，消费行为在变，审美也在变。各种营销套路让人眼花缭乱，没有什么营销手段是一劳永逸的，最根本的是需要抓住消费者的行为独特性。无论是相对静态的服务需求特

征，还是相对动态的服务消费决策过程，互联网思维都颠覆了传统的有形产品消费行为，如图 2-5 所示。

个性式——消费个性化：顾客消费需求和购买行为均会受顾客个体因素影响，如受教育水平、性格特征及态度和心情等。尤其，在互联网互联互通的时代下，消费者逐渐厌恶大众化和批量化的产品，转而倾向于外观精美化和个性化产品。因此，相较于有形产品消费而言，服务消费行为逐渐呈现出个性化特性。

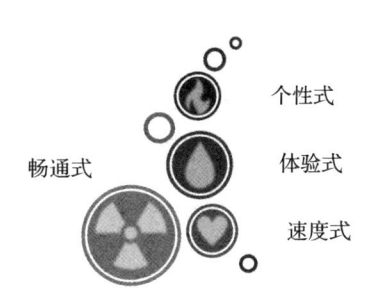

图 2-5　消费者的新特征

体验式——消费参与水平高：随着居民收入水平的不断提高，人均购买力正在推动服务业形成新业态。如何在服务过程中有效管理顾客参与互动的水平，是决定企业服务质量和顾客消费体验的关键环节之一。由于服务的消费本质上是一种过程消费，而非结果消费，因而服务的消费过程需要更多的顾客参与和互动。尤其是在互联网营销的过程中，服务最主要的就是注重顾客思维，而顾客思维就是遵照顾客的具体需求，以顾客为中心。在消费市场上，消费者的需求就是生产者的销售卖点，顾客购买商品，从最早的功能式消费转变为品牌式消费，然后逐渐转变为这几年比较流行的体验式消费。可以说，顾客参与在体验式营销中发挥着重要的作用。例如，在听交响音乐会时，顾客会直接参与到服务的创造和传递过程，同时，顾客的参与水平和表现还会影响服务的质量，如是否保持会场秩序、文明聆听等。因此，相较于有形产品消费而言，服务消费行为具有更高水平的顾客参与互动。而且，让顾客参与到服务的各个环节，获得强烈的参与感，顾客就会对产品产生更大的兴趣，并进行必要的宣传。

速度式——消费耐心低：在互联网的快节奏驱动下，速度成为影响销售商成败的关键因素，消费者开始出现无耐心、黏性低等特征。但所谓的"速度"不仅指时间，更强调"质量"。针对大多数消费者需要无障碍消费体验的痛点，企业可以利用人工智能等网络技术收集顾客数据，为消费者提供产品和服务指南。

畅通式——数字平台交往：互联网技术促进了在线交互的发展，使大众交流趋于多维互动。消费者可以在两个不同的地方实现数字互动，并通过网络平台完成日常消费。受这一趋势影响的公司也在转变产品和服务，如解决支付问题、诚信问题是制约其发展的两大难题，为了解决这两大难题，阿里巴巴打造了支付宝服务技术平台，该服务平台的建立不仅为电子商务的支付问题提供了解决方案，还为买卖双方的信任问题提供了有效的解决途径。

二、服务购买的阶段

消费者的服务购买是服务销售的焦点，消费者在购买服务的过程中，经常会进行各种对比，挑选自己认为最合适的一款进行购买。从该角度出发，可以把服务购买划分为服务前阶段、服务消费阶段和服务购后阶段，如图 2-6 所示。

服务前阶段	服务消费阶段	服务购后阶段
·服务需求确认 ·服务信息收集 ·服务方案评估	·顾客初步接触 ·服务消费体验	·购后评价 ·总结改进

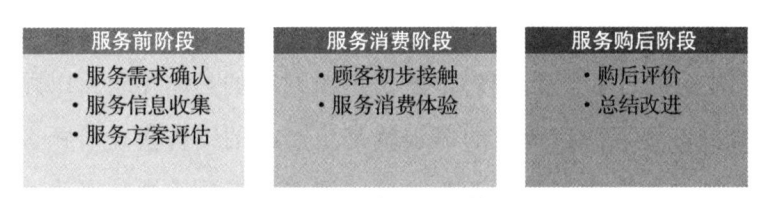

图 2-6　服务消费行为的基本阶段

1. 服务前阶段

服务前阶段是指顾客在购买服务之前要经历需求认知、信息收集、可选方案评价等步骤。即当消费者意识到自己对某种服务产生了需求，消费者就会搜寻信息，并对各种备选服务进行评价。

首先，服务需求确认。例如，当视力受损时，我们会因为视觉需要而购买近视眼镜；当面对炎热的夏日时，我们会因闷热而购买空调或者电风扇；当厌倦了用手动拖把打扫卫生时，我们会考虑扫地机器人。这里的共同主题是：消费者先有服务需求的确认，才有购买行为。而消费服务需求的产生可能是内部原因，也可能是外部原因，如图 2-7 所示。

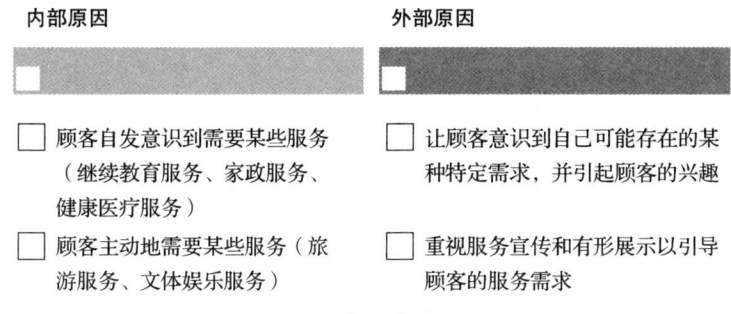

内部原因
- 顾客自发意识到需要某些服务（继续教育服务、家政服务、健康医疗服务）
- 顾客主动地需要某些服务（旅游服务、文体娱乐服务）

外部原因
- 让顾客意识到自己可能存在的某种特定需求，并引起顾客的兴趣
- 重视服务宣传和有形展示以引导顾客的服务需求

图 2-7　服务需求产生原因

综合内外部原因可知，产品营销人员需要瞄准客户需求，做好服务购买的最前端——需求确认，一步一步地将自己的产品推上市场首选产品，为客户解决后顾之忧。

其次，服务信息收集。当顾客形成比较明确的现实问题或服务需求后，便开始收集各种产品或服务的信息：线上的和线下的、内部的和外部的，旨在寻找解决现实问题或满足服务需求的可行途径和目标。通常情况下，顾客获取服务信息的来源也是多方面的，但主要有经验来源公共来源和商业来源三个方面，如图 2-8 所示。

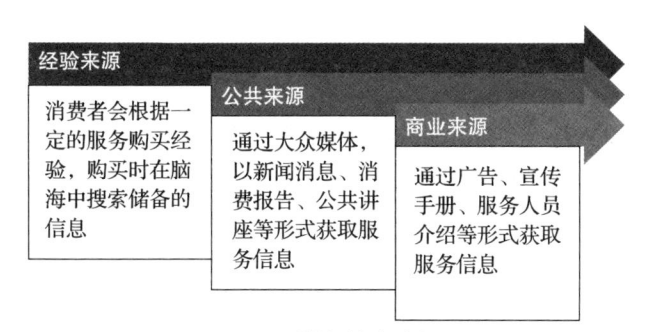

经验来源：消费者会根据一定的服务购买经验，购买时在脑海中搜索储备的信息

公共来源：通过大众媒体，以新闻消息、消费报告、公共讲座等形式获取服务信息

商业来源：通过广告、宣传手册、服务人员介绍等形式获取服务信息

图 2-8　服务信息来源

最后，服务方案评估。在顾客获取有关服务的足够信息后，需要对不同的方案进行评估，以便做出最后的消费决策。对服务方案的评估是对服务消费需求和服务信息的再次审视和确认，并决定最终服务消费的方向和规模，因而在顾客的服务消费行为过程中具有承上启下的作用。顾客对服

务方案的评估主要有以下三项依据。

（1）顾客的消费目标。即顾客的服务消费是要满足什么需求，解决什么问题。明确消费目标是顾客进行服务方案评估和选择的首要工作，不同的目标会直接导致不同的服务方案选择。例如，当顾客决定外出就餐时，其目的是家庭聚会、朋友约会，还是宴请领导和同事，会直接影响对就餐地点、方式和档次的选择。

（2）顾客的消费成本。即顾客进行预期服务消费时需要付出的各类成本，包括金钱、精力和时间等。服务的开支、服务获取过程中所需付出的时间和精力，以及服务的可获得性，均会被顾客视为服务选择的潜在成本，从而成为影响服务消费选择的重要因素。

（3）顾客的感知风险。在进行方案评估时，除了考虑目标和成本，顾客还在意购买服务后是否存在风险，也就是考虑服务结果是否脱离预期。事实上，有形的产品可以进行退换，但大多数服务却无法进行退换，因而在服务方案评估中，顾客面临的各类感知风险会影响消费决策。例如，在美发服务中，由于不能确定染发后的效果，很多顾客在面对理发师提出的染发建议时都非常谨慎。

2. 服务消费阶段

在购买前经过一系列准备后，紧接着就进入实际的服务消费阶段。由于服务消费的过程和服务人员提供和交付服务的过程是同步的，因此，区别于有形产品的购买、使用和废物处理等消费过程，在服务消费阶段，主要经历顾客初步接触和服务消费体验两方面。

一方面，顾客初步接触。当顾客形成初步消费决策时，就会通过各种渠道与企业进行初步接触或联系，以进一步获取信息并确认消费决策。例如，顾客事先到服务门店进行考察，通过电话或网络工具与服务型企业的客服人员进行初步沟通等。

另一方面，服务消费体验。在与顾客的初次接触中，消费者当下的心情对其服务体验有很大的影响，服务型企业和服务人员就需要具备较好的洞察力和随机应变能力。首先，心情好的顾客更愿意参与服务，积极配合服务人员，就可能成功地完成服务接触活动；反之，就容易导致接触失败。其次，情绪和感觉会使顾客对公司或服务产生偏见，一旦顾客产生不好的体验感，便会对该服务产生极大的抵触心理。最后，初次的体验会成为顾客以后回忆服务的主要记忆。例如，一个消费者和他的朋友去云南丽江玩得开心，当他想到丽江时，就会想到双方的友谊，从而对丽江有更高的体验评价。因此，从情感因素出发，顾客可以塑造未来服务质量和服务质量的潜在标准。

3. 服务购后阶段

在服务消费阶段后，便进入以服务消费评估为主要内容的消费后阶段。在此阶段，消费者对所体验到的服务进行评价，这在很大程度上决定了消费者是否会继续使用企业的服务。一方面，如果顾客购后满意，则可能会继续购买该服务产品，并可能向其他顾客传递服务产品的正面信息，从而产生口碑效应。另一方面，如果购后不满意，顾客则会停止购买该服务产品，或者采取公开行动向企业、第三方投诉，向家人传播该企业或服务产品的负面信息。

对服务型企业而言，顾客服务消费的结束并不意味着服务营销管理活动的结束。服务营销人员应采取措施提高顾客满意度，尽可能避免负面口碑的传播。同时，企业还需要通过关注顾客消费后阶段的评价和反应，发掘未被满足的顾客服务需求，进而提升顾客满意度和顾客忠诚度，以建立长期的顾客关系。

专栏 2-1

美团——C to B 的创新开拓者

随着消费升级，顾客愈加重视消费体验。因此，把消费互联网与产业互联网连接，打通供应链的全流程，提高供应链管理的效率，才能提高服务质量。了解产业纵深的美团，正是瞄准了 C 端服务的瓶颈，率先进行 C to B，为其发展创造了一条坚定的护城河。

1. 公司简介

美团成立于 2011 年，并于 2018 年成功在中国香港上市，目前已经成为中国有名的互联网巨头。公司围绕生活服务领域构建电子商务平台，以"为消费者创造更好的生活"为驱动力，致力于提供吃喝玩乐领域的业务，为消费者创造美好生活。其多样化的业务通过大众点评、美团外卖等家喻户晓的 APP 与顾客需求进行对接，业务已覆盖全国大部分县区。随着公司逐渐发展壮大，美团不断深入与生态伙伴、党政机关、科研机构、新闻媒介等主体合作，努力发挥企业在智慧城市构建过程中的作用。

2. 务实 C 端本地生活，划地为王

美团业务覆盖本地生活服务的各个层面，小至餐饮外卖、家政、电影，大到酒店、旅游、生鲜电商等。其中，外卖业务无疑是美团的明星业务。一方面，外卖是美团的热门业务，美团的销售总成本与营收总收入主要取决于外卖业务的销售成本和营业收入；另一方面，外卖业务能带动美团其他服务业务的发展，为美团的发展提供战略支点。因此，外卖业务能够引领美团成为本地生活服务领域的佼佼者。

美团外卖业务之所以占据如此重要的地位，源于美团平台规模、战略定力以及战术协同能力造就了美团外卖的两个核心优势，让美团外卖获得了快速发展的先机。

第一个核心优势是美团外卖市场占有率高。中国的生活服务市场中，70% 的市场份额被美团占领了。

第二个核心优势是配送效率高。美团自 2015 年起便开启自建配送团队的准备工作，随后外卖智能调度系统的版本不断升级。目前，美团外卖智能调度系统已经实现双重升级：一方面是科技，另一方面是人文。在科技方面，美团外卖的智能调度系统能够容纳庞大的顾客数据，并且在外卖高峰时段的算法执行能力高达 30 亿次/小时，轻松为数十万骑手匹配合适的外卖订单、规划合理可行的配送路线、预估外卖送达时间等，有效地降低了外卖配送的时间和成本，在全球外卖配送领域处于领先地位。在人文方面，为进一步保证骑手的配送安全，简化骑手在配送过程中的操作流程以及提高骑手的外卖配送效率，美团为骑手提供自动识别场景和主动语音播报的智能语音助手，协助智能调度系统共同优化骑手的配送过程，让外卖骑手无须手机便可完成接受外卖订单、上报到店取餐情况、上报位置及联系商家与消费者等一系列程序。

3. 发力 B 端餐饮服务，转危为安

美团 CEO 王兴在很早之前就觉察到了危险：B 端商家不仅面临由数字化能力差带来的效率低下，并且也面临着人工成本、租金和食材成本三高的问题。如果想打开更大的 C 端市场，一定会受制于 B 端。美团只有将服务对象扩大至产业链的后端商家，提高 B 端的运营效率，才能为自己的发展谋取更广阔空间。

为此，美团在 2018 年上市后，为确保组织架构适应其业务的发展，成立了 LBS 平台和顾客平台，建立了以供应链服务为主要职责的快驴事业部和专注于生鲜零售的小象事业部，并将原先设立的事业群重组为到家事业群和到店事业群。

多业务和多场景的布局，体现美团对 C 端顾客、B 端商家体验提升的重视，一方面继续聚焦顾客，完善对顾客的服务体系；另一方面为商家提供供应链、金融服务等，强化 B 端商家的服务能力，全面提升 B 端的运营效率。

4. 总结与启示

面对消费升级带来的挑战，美团率先通过服务升级的意识，打通产业服务，将产业链前端的原料供应商、中间的营销商家及终端的生活服务需求者进行链接，构建以美团为中心的服务生态。

（资料来源：作者根据多方资料整理而成）

三、服务购买决策流程

随着互联网的不断发展，在改变消费观念的同时，也在颠覆着服务的形式，使顾客在琳琅满目的网络商品中无法对服务的具体功效和品质等进行直观评价。这就需要服务型企业在了解购买决策流程的基础上，在顾客口碑、服务场景、服务人员专业性等方面上加把劲，以更高质量的服务使服务购买决策更加顺畅。

1. 影响服务购买决策的因素

消费者的服务购买决策是指消费者经过思虑后，选择并决定付费购买某一特定服务的过程。

由于服务的无形性，导致顾客在消费以前无法像对有形产品那样对消费对象进行全面、客观的评估，消费者在购买决策时会不自觉地思虑：购买的服务能否达到预期效果？购买条件是否合适？消费过程是否顺利？如果选择另外的服务品牌是否能够获得更好的效用？从而使服务购买决策具有多重特征。影响购买决策的因素可以归纳为认知因素、生活因素和社会因素三个方面，如图2-9所示。

认知因素	生活因素	社会因素
由表及里、由现象到本质反映客观事物的特性与联系的过程，可以分为感觉、知觉和记忆等阶段	顾客选择支配时间和金钱的途径，以及如何通过个人的消费选择来反映价值取向和品位	在特定时间内，特定的社会角色将占据主导地位，进而对包括消费行为在内的所有社会行为产生影响
具有高度主观能动性的心理因素，在顾客服务消费的整个过程中都发挥着重要的影响作用	是由顾客的社会阶层、消费态度和消费偏好决定的，同时又通过顾客的生活观念、消费观念、传播观念等体现出来	每个特定的社会角色需要特定的产品和服务来进行塑造

图 2-9　影响服务购买决策的因素

2. 服务购买决策流程

消费者购买决策过程是消费者做出购买决策的过程。在进行服务消费决策时，服务购买决策由问题认知、搜寻信息、备选方案评估、购买决策、购后评价构成，如图 2-10 所示。

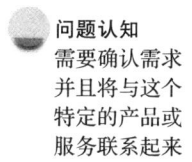

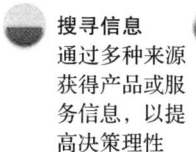

问题认知	搜寻信息	备选方案评估	购买决策	购后评价
需要确认需求并且将与这个特定的产品或服务联系起来	通过多种来源获得产品或服务信息，以提高决策理性	根据产品或服务的属性、利益和价值组合形成购买方案	在不同方案之间形成购买的意图和偏好	评估购买获得的价值，通过行动表达满意或不满意

图 2-10　服务购买决策流程

（1）问题认知。当消费者意识到他们有某种需求时，就是他们决策过程的开始。对需求的认知可能来源于内部心理活动或外部刺激，主要包括两个方面：一是主动性的认知，意识到自己需要哪种服务。二是被动性的认知，是消费者尚未意识到或需要他人提醒的问题。例如，当看到朋友家使用智能洗碗机后，你也想享受智能洗碗的舒适感，这样你就会做出购买智能洗碗机的决策。

（2）搜寻信息。信息搜索阶段是最耗时的消费阶段，信息检索的结果不仅受年龄、性别、文化程度、生活方式等个体因素的影响，还受参照群体、社会阶层、服务场景、服务人员等外部环境因素的影响。消费者可以从朋友、社交媒体等多个渠道获取产品或服务信息，为购买决策提供参考。

（3）备选方案评估。消费者从朋友、社交媒体等多个渠道获取产品或服务信息后，可能会发现信息存在重复甚至相互矛盾的情况，有必要对这些信息进行理性分析、评价和选择，这就是决策过程中的方案评估环节。在消费者评价和选择的过程中，服务人员应注意以下三点：第一，提高服务质量是长期不变的战略方向，也是做出购买决策时考虑的首要因素；第二，不同的消费者对产品各种性能的关注程度不同，服务应做到因人而异；第三，大多数消费者的选择会受到购买期望的影响，将实际产品与心理预期效果进行比较。

（4）购买决策。购买决策是一个选择和淘汰的过程。消费者在对服务进行综合测评后，会形成一个倾向排序。从评估到最终购买会受两个方面的影响：一是他人的态度。人的社会属性决定着个人无法离开身边人的影响而独立存在，故他人对服务的态度自然对购买决策形成影响。二是意外情况。如果出现失业、急需、物价上涨等意外情况，很可能改变购买意向。

（5）购后评价。消费者的购后评价主要由顾客满意度来衡量，购买后的满意度决定了消费者的购后活动。而消费者购买后的满意度则取决于服务期望与实际服务之间的差值。服务人员要做的就是瞄准消费者可能产生的期望，针对个性化需求提供高质量服务，从而获得良性的购后服务评价。

专栏 2-2

华为——开启治愈"最后一公里"的服务世界

当下年轻人都已经习惯了互联网所带来的高效生活，而线下生活中的很多低效场景仍是不得不面对的现实。比如，一个只需要几分钟就完成的业务却需要和"半个小时才能解决"的大型服务排在一个队伍里。在传统的线下服务中，这是屡见不鲜的场景。今天的年轻消费者早已经被科技所提升的效率"洗了脑"，他们可能不差这等待的几分钟，但却无法容忍服务过程中不为消费者考虑的种种"落后"。但华为却在传统线下服务中开启了全新世界。

1. 公司简介

华为技术有限公司（以下简称华为）是广东省的一家民营企业，至今已有三十多年的发展历史。华为主要负责IT、通信、路由、无线电等ICT

领域的产品。从成立至今，华为持续深耕 ICT 领域，追求极致，以端到端的 ICT 解决方案构筑竞争优势，为有产品需求的企业和消费者提供高端的产品和服务。通过持续的创新与合作，华为实现了稳健经营，成为全球领先的 ICT 解决方案服务商。

2. 人＋机＝售后服务

在"最后一公里"的面对面服务领域，华为全球首家新模式客户服务中心以消费者满意度为核心，让人们看到了一个"人性化温暖＋科技化硬核"的全新服务模式。

人：员工专业化。为了提供最高水准的服务，华为在服务员工里优中选优。员工需要经过面试、竞赛、答辩、培训，才能来到华为客户服务中心（北京盈科中心）。引导员需要对手机、PC、平板、耳机、手表手环等华为产品的使用技巧都能如数家珍，并且熟悉业务，根据顾客所要维修或者保养的不同业务精准安排取号队伍和最适合的维修人员。不同于传统服务店里一人受理＋另一人维修的模式，华为客户服务中心（北京盈科中心）推出的"面对面"服务座席，要求专业工程师与消费者直接沟通设备情况、讨论合适的维修方案，给予专业的维修建议。

机：设备透明化。华为新模式服务中心留给消费者安心的服务体验，更是领跑行业的全程透明维修。

首先，备件配送透明。华为在新模式客户服务中心中利用机器人进行备件配送，让消费者可以看见配送过程，无须顾虑备件质量问题。

其次，维修过程透明。华为客户服务中心（北京盈科中心）配置了 3 台维修进度显示屏，消费者在此屏幕上不仅可以了解维修进展，包括排队、受理、检测维修、取机四个环节，还可以看到这个门店所有员工的简介，对自己的维修工程师也能有所了解。

最后，故障信息透明。设备维修所需要的费用、相关配件的信息和价格都可以随时在华为官网查询到，由服务业务系统自动计算出维修费用，收费由 POS 机完成。

3. 超值体验＋仪式感取机＝长尾效应

好的服务体验能够带来长尾效应，这一点正是华为新模式服务中心的一大特色。华为客户服务主要通过两方面带来长尾效应：一是休息区采用的是场景化体验，模拟客厅设置，给顾客带来超值体验；二是提供增值服务，让顾客的取机过程更有仪式感。

4. 结论与启示

华为的新服务模式不仅"治愈"了产品，也"治愈"了顾客。华为更以最高水准的专业化服务"治愈"了互联网时代的世界，提供全程透明维修，让客户享受超值体验和仪式感取机，是对消费者需求的真正洞察，呈现的是高效率互联网时代的服务变革之路，为以科技力量和温暖人心的高水准服务，树立了新样板。

（资料来源：作者根据多方资料整理而成）

全新的互联网时代丰富了产品品类，颠覆性的互联网思维正以惊人的速度刷新着消费者的眼球，以电子商务和内容服务为代表的新兴服务业对全球经济的影响逐步显现，引领着消费需求迈上新的台阶。

第二节　消费需求

互联网时代，不是市场升级，而是消费升级。消费者的改变，使市场需要的是高质量、低价位的产品，消费者更愿意花费更多的钱来购买更高质量的服务或产品，在电商模式盛行的潮流下，服务企业甚至致力于把顾客变成粉丝，以追求长期性服务的供应，服务型企业也趋于将纯粹的商业关系发展成符合消费者生活惯性的高质量服务连锁。

一、服务消费期望及类型

顾客是消费市场的主宰者,这句话是亘古不变的真理。不论企业的性质如何、产品的类别如何,最终目的都是要顾客进行消费购买。那么,如何才能让消费者心甘情愿地进行购买呢?提供满意的服务并超越服务消费期望便是最佳路径。

1. 服务消费期望

服务消费期望是顾客在消费之前,会对即将发生的服务进行预估,从而形成的衡量服务绩效的标准。在消费服务的实际过程中,消费者会把对服务质量的感知同预估的标准进行比较,以评价服务质量的好坏。所以,如果营销人员所提供的服务低于服务消费期望,则会给顾客带来不好的服务体验,造成顾客流失;反之,如果营销人员提供的服务高于服务消费期望,企业可能因服务标准过高而导致服务成本上升,意味着资源的浪费。

首先,两面性:提供"引力+标准"。顾客服务期望是顾客对企业应当提供的服务的一种预期,反映了服务消费者的期望和愿望,没有这些可能被满足的期望和愿望,消费者就不会对某项服务产生购买行为。顾客期望具有两面性,一方面,顾客期望可以吸引顾客消费服务;另一方面,顾客期望给企业服务运营设定了一个最低标准。如果企业的服务质量低于这个标准,顾客满意度就会很低,甚至会转向其他的服务供应商。因此,顾客期望管理要在两者之间寻求一个平衡,即企业建立的顾客期望,既要对顾客有充分的吸引力,又要保证企业能达到标准,从而使企业能获得长期利益。

其次,汇集源:形成期望认知。顾客期望的形成取决于顾客能够得到的关于企业及其产品或服务的所有信息,可能会发生在顾客消费过程的各个阶段。这些信息来源一般有竞品消息、口碑传播和社交媒体,如图2-11所示。

竞品消息	口碑传播	社交媒体
顾客会将竞争对手所提供的服务体验视为期望基础	• 潜在顾客口碑对决策提供参考 • 越满足顾客期望越容易获得正面口碑	通过网上查阅产品或服务评论，观察企业或品牌处理投诉的方式，并以此作为判断时的参考

图 2-11 顾客期望形成的信息来源

因此，对于服务型企业而言，在创造和传递高水平服务价值之前，首先应该准确把握目标顾客群的服务期望。如果竞争者能够更准确地理解顾客服务期望并提供服务，那么对企业而言就意味着顾客的流失和业务的失败，同时可能意味着在与目标顾客无关的环节上投入过多的组织资源，从而使企业在激烈的服务竞争中处于不利局面，甚至带来生存危机。

2. 服务消费期望类型

一般情况下，顾客在做出消费决策前会形成针对服务的预评价，并在预评价基础上产生消费行为并在接受服务后对其进行评价，评价实际服务效果是否可以达到顾客预想的水平，同时形成下一次消费前的预评价。服务期望会影响顾客的服务购买行为。服务期望不同会导致顾客对服务型企业提供的服务过程及品质的评估产生差异。例如，当顾客准备去一家餐厅就餐时，可能会对特定餐厅形成顾客期望的连续集，顾客服务期望的高低会影响其对餐厅服务的评估。

根据期望水平的高低，可分为理想的服务、合格的服务和容忍的服务三类。

首先，理想的服务。在现代服务型企业中，理想的服务是消费者希望获得的最高水平的服务。如果没有这些期望，消费者可能不会选择购买这类服务。这就好比请一位家政人员时，雇主往往会开出多项附加条件：年龄、性格、兴趣及烹饪能力等，这些附加条件反映了雇主对家政服务的理想愿望。成功的家政服务中心便会对雇主的理想服务要求进行分类，并提升个性化服务水平。了解顾客的理想服务有多项好处。

其次，合格的服务。合格的服务是指在消费者心目中勉强能接受的最基本的服务。例如，许多快餐馆对服务的定位是顾客心目中合格的服务，这样既可以合理地降低服务成本，又不影响市场绩效。在现代服务型企业中，也要求服务人员明确合格服务的标准，一是有助于确定服务质量的最低防线，因为合格的服务就是最低限度的服务水平；二是有助于降低服务成本和服务定价，因为合格的服务就是最低成本的服务。

最后，容忍的服务。容忍的服务是指消费者承认并愿意接受既定范围内的服务，"容忍"的意思就是顾客"不挑剔"，容忍的服务也可称顾客不挑剔的服务。这个范围区间称为容忍区域，该区域的上端接近理想的服务，下端接近合格的服务。对顾客来说，容忍的服务不那么理想，但比合格的服务要好一些。

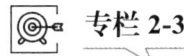

专栏 2-3

网易——最具价值的科技公司

在新冠肺炎疫情的冲击下，众多企业纷纷利用基于大数据、云计算、AI、5G等技术的数字化解决方案，转变企业的经营模式，以全面重塑业务，希望在竞争日趋激烈的市场里，重新驶入发展的"快车道"。但数字化并非简单的信息化和自动化，其价值需要依靠部门协同才能真正得到释放，需要一套一站式解决方案，以帮助企业打破数据孤岛。网易已经开始在这一赛道上进行深耕。

1. 公司简介

网易公司是一家具有较好发展势头的大型互联网公司。通过对门户网站的布局、开发一系列在线游戏、提供在线教育资源、创建网易bobo、进军在线音乐和电子邮箱等领域，网易不断扩大业务范围，并且促进了信息的流动与汇集。2020年3月，网易公司入选2020全球最具价值品牌500强，列第141位。2020年6月11日，网易成功在中国香港上市。

2. 网易云商——领先商业增长服务

网易云商由网易旗下的网易智企所推出，具备网易三大产品——定位、互客、七鱼的核心能力。围绕核心能力，网易云商在触达、转化、服务三个阶段里，构建更完整清晰的顾客画像，并依此为客户制定精细化的增长策略，打通企业营销全链路，助力企业内生成长。

为将网易云商打造成为商业增长服务的第一品牌，网易云商构造了"GROW商业增长模型"：新模型基于智能化技术，贯穿售前、售中、售后，以长效客户关系为目标，以客户共创的开放心态，汇集专家团队，为企业提供咨询、研究、创意、运营、服务等全方位的专业支持。

3. 网易云信——引领融合通信技术

网易智企发布了网易云信新一代音视频技术架构，致力于将网易云信打造成融合通信第一品牌。基于融合通信的业务模式，网易云信提出了全局的战略规划——"三纵一横"。其中，三纵代表了网易云信的主攻行业领域，一横则是网易云信强大的底层技术能力。由于现有的各种经验，都会被复制到更多的行业领域及应用场景，因此网易云信加入了一个"X"，预示着日后向新行业的推进和新产品模式的推出，如图2-12所示。

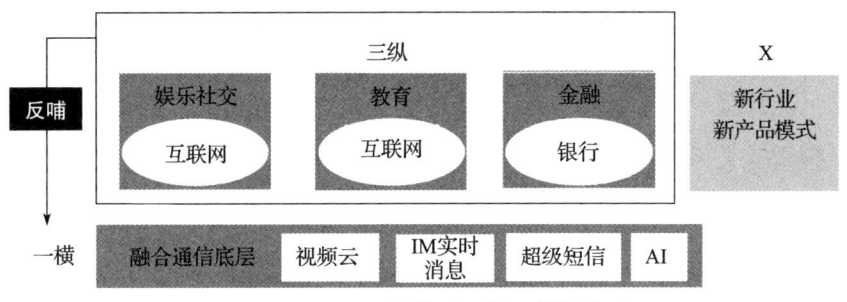

图 2-12　网易云信的"三纵一横"战略

在万物互联的应用中,即时通信和音视频技术正在迸发出更大的商业潜力。通过确立云通信战略,以及数十年来对底层技术的深耕,网易云信持续演进,为企业提供一流的、稳定的融合通信服务。

4. 总结与启示

数字化技术正在引领新商业,未来是一个技术引领商业创新、商业促进技术革新的时代。网易通过网易云商把握商业,以网易云信抓住技术,通往企业级服务的大道。

(资料来源:作者根据多方资料整理而成)

二、服务消费期望管理

顾客一般通过以往消费经验、企业宣传、口碑等多种渠道,获得有关服务的信息后,对服务型企业及其服务形成一种预设的内在标准,进而形成顾客的服务期望。对于企业来说,了解顾客期望至关重要,因为它是影响顾客购买决策的一个重要因素。

在服务营销中,顾客期望决定了服务质量的好坏,满足顾客期望正是提供优质顾客体验的前提,而那些不断为顾客带去美好体验的企业将会持续实现品牌的溢价。所以,对于服务型企业而言,营销者可以基于影响顾客期望的因素持续满足顾客期望,提升顾客体验,以便提高顾客的满意度和忠诚度,并最终谋求更大的利润空间和更长期的发展。

1. 服务承诺：给出即兑现

明确的服务承诺会直接影响顾客对服务的期望水平，承诺是珍视并愿意保持合作关系的长期意愿。在服务营销管理中，服务型企业或服务人员需要对顾客做出承诺，可以吸引顾客并建立顾客关系。

首先，承诺以兑现为保障。一旦服务型企业做出承诺，就理应兑现。如果无法兑现承诺，顾客关系便缺乏维系和巩固的基础。因此，对于服务型企业而言，必须保证与服务承诺相匹配的充足资源、能力和措施来采取行动以确保承诺兑现。

其次，承诺以实际实力为基准。企业做出的服务承诺应该与企业的服务能力相符。一味地"画大饼"导致承诺无法兑现时，只会扩大对服务的失望程度。从服务管理的实践来看，成功的企业只会承诺自己办得到的事，致力于实现自身在顾客心中已经形成的期望，并在此基础上尽力超越顾客期望，从而提高顾客的满意度和忠诚度。

2. 顾客期望：管理差别化

服务非实物，是无形而客观存在的。不同的服务人员，提供的服务也不尽相同，这也就使顾客期望存在差异。企业不可能满足顾客的全部期望，这就需要企业在进行市场细分和目标市场选择的基础上，进一步识别出具有不同期望的顾客群，并采取差异化营销策略来满足顾客期望。

首先，个性化。差别化管理的言外之意就是为消费者提供个性化服务。新时代下的消费者都青睐于获得个性化的体验服务，个性化服务不仅可以帮助顾客挑选到喜欢的产品和服务，还会使接受服务的顾客产生自豪感和满足感，从而赢得顾客的高度认同。而提供个性化服务的秘诀就在于准确把握顾客的个性化需求和心理预期，打造出满足顾客需求、超越顾客期待的个性化产品和服务。服务型企业可以对顾客体验进行长期的跟踪，通过搭建与企业业务流程紧密贴合的、覆盖顾客全生命周期的测量体系，多触点实时收集顾客反馈。同时，企业还要有目的性地搜集顾客信息和体验反馈，达到他们的心理预期。

其次，多渠道。顾客希望享受到无缝的多渠道服务体验。多渠道服务强调的是各渠道间消费者体验的无缝衔接和一致性。由于消费者的性格、喜好和行为方式都各不相同，所以企业要充分考虑到目标顾客的渠道使用偏好，适当调配资源，为顾客提供一体化无缝式的顾客体验。

3. 顾客期望：超越式满足

移动互联网时代下的消费者随时随地都能搜索、购物、学习，对日趋同质化的各类商品有更多的选择权，随着购买力的增强和消费经验的累积，他们对产品和服务的期望也水涨船高。满足甚至超越不断升级的顾客期望，成为当今企业共同的迫切需要。

在管理顾客期望时，企业应该首先确保满足顾客的合格期望，努力实现顾客的理想期望，并在具备一定条件的情况下超越顾客期望。网上一直流传着关于海底捞的一个小段子：某顾客想要把未吃完的切片西瓜带回家，但海底捞的服务员觉得切片西瓜已经不新鲜了。于是，他打包了一整个西瓜，让顾客带回家。从上面的这个小段子中可以看出，超越顾客期望就是在满足顾客需求的基础上，为顾客带来惊喜，从而带来超越性的服务体验。其一定会给服务企业带来积极的效果，如好的口碑、顾客忠诚等，并能够提高企业的服务绩效和市场份额。但是，并不是一味地追求超越服务预期。而是要把握好尺度，既使顾客感到满意，又不至于使顾客期望过高，超出企业的服务能力。

三、服务消费需求管理

消费需求是市场发展的核心动力，但需求总是在动态变换着，从旧的形态脱离，并添加新的补充，进而在市场动态中不断更新和完善。必须从多维度、多视角分析服务消费需求的变化，对服务消费需求进行适应性管理。

1. 波动性：消费需求之根本

之所以要进行实时性的服务需求管理，就是因为服务消费需求的波动性较大。服务需求的波动特性主要由易逝性、最大供应量无弹性、需求难预测和时间不确定性造成。美国学者对全美服务业经营所面临的问题做了大量的实证研究后发现，需求的波动是服务业经营者所面临的最棘手的问题。

2. 多策略：需求管理之努力

消费需求是不断变化的，企业只有持续地进行定期、定量的需求管理，才能不断地改进，更好地服务于消费者。

（1）创新服务价值——支撑需求释能。消费的每一项服务，都将成为消费者的记忆信息源。要知道，消费者真正想要的，从来都不是最好的，而是眼前所见到的。在购买决策中，如果某一项服务能在消费者的脑海中形成闪烁的记忆点，那么，恭喜你，这将是你的终身顾客。因此，服务供应商需要不断创新服务价值，给消费需求一个值得认可和信赖的理由，便是在为服务赋予独特的品质与尊享。

（2）完善消费后端——激发需求潜能。如今，消费已不再是简单的买卖交易关系，消费者不仅是服务的体验者，也是服务的维护者和倡导者。要知道，消费者需求的情感和感官刺激一旦被催化就会爆发。因此，服务商必须不断注重消费后端的系统化能力，在需求点上形成强大的服务能力，如以京东的物流、蚂蚁的"花呗"，都在为满足服务而创造后端和平台。

（3）引导消费观点——拓展需求影响力。消费需求是被创造出来的。不能把销售简单地看成卖东西，而是要转换视角，看成帮助顾客买东西。

消费需求不仅反映了顾客本身的价值，更需要得到顾客所关心的人的认可，即把观点凝聚成共识，把共识作为一种消费习惯。

（4）依托数据技术——催化供需平衡。在服务供大于求的低估期，会严重制约企业的服务运营效率，乃至危及企业生存。在服务供小于求的高峰期，服务需求量大使超过企业业务流量大，但如果此时没有强大的分散需求能力，不仅会损害企业的利益，还会影响顾客对服务的评价。因此，面对供给和需求之间的矛盾，服务型企业要尽可能实现服务供给与服务需求的平衡。其中，解决需求是企业生存的关键，需求的存在是所有产品的基础。

（5）营造服务专属化——促进供需竞合局面。新型的互联网营销借助信息分享和传播，让更大范围的顾客了解自己的品牌与产品，以致在这种"链接时代"下，服务商间的竞争不再呈完全对立局面，而是根据市场的实际、竞争者在市场中的地位、竞争者的态度等相互作用演变为一种竞合关系。

众所周知，传统品牌营销策略在满足服务专属化需求方面一直有所欠缺，而随着数字化、智能化技术的发展，企业对互联网思维有了深层次的理解，顾客专属化服务营销策略也被企业重视起来。这种营销模式要求企业重视人性，在商家和顾客之间建立起一座温情的桥梁，通过商家的关爱，让顾客感受到情感价值。

提供专属化营销活动，服务的价值最终由消费者决定。无论是大品牌企业还是小品牌企业，在对目标顾客和营销目的有了专业的、精准的定位分析的基础上，为目标消费者提供专属化的服务营销内容，是一种很好的增强顾客黏性的行为。

专栏 2-4

逸仙电商——国货之光的缔造者

近年来，国货新品牌层出不穷。随着新一代创业者的涌现及互联网创业环境的日益成熟，新品牌的崛起道路不止一条。作为从天猫平台成长起来的国货新品牌，逸仙电商旗下的完美日记打破了传统品牌依赖线下开店的重资产模式，用不到4年的时间火速完成上市。这得益于其自身的服务创新。

1. 公司简介

逸仙电子商务有限公司（以下简称逸仙电商）坐落于广州，是一家独角兽企业。2017年4月，逸仙电商本着"让人人都可轻松变美"的理念，推出了"完美日记"（Perfect Diary）这一品牌，由此踏入美妆界。随后，逸仙电商通过提供"高品质、有创意、带惊喜感"的美妆产品，将"完美日记"打造成为属于中国的新时尚美妆品牌。2019年，"完美日记"打破国内美妆品牌的记录，率先进入"双十一"天猫彩妆的榜单。截至2020年8月，品牌全网顾客粉丝数量超过2700万。2013年，逸仙电商推出小奥汀；2020年6月，逸仙电商推出品牌"完子心选"；2020年11月，逸仙电商正式收购法国Pierre Fabre集团旗下的高端美妆品牌Galénic。

2. 服务省级=DTC+一流供应链+全而专服务

逸仙电商借助DTC的直营模式、强大的供应链生产能力和客户服务，从美妆产品设计研发、生产、销售及售后全过程，为消费者提供极致的服务。

（1）DTC模式。

逸仙电商采用的Direct-to-Customer（DTC）是通过全方位闭环营销模式实现的，包括公域流量和私域流量。在公域流量方面，逸仙电商通过电子商务渠道进行传统线上营销；也通过与KOL合作在社交和内容平台进行裂变式营销，同时签约明星实现"粉丝经济"营销。在私域流量方面，逸仙电商针对线上线下获客途径制定了相应的私域流量运营。

DTC模式能够促进品牌商直接将产品卖给终端消费者，跨越分销商，因此品牌方能够直接在产品生产，到市场营销，再到售后反馈的过程中直接与消费者展开互动。为有效运转DTC商业模式，逸仙电商建立了市场研究数据、销售订单数据和行为数据三种类型的数据中台，实现了全方位数字化赋能。

（2）一流供应链。

逸仙电商与生产和研发在全球领先的ODM/OEM和包装供应商进行合作，主要包括技术合作和生产合作。一方面，通过与这些合作伙伴在技术和研究方面进行合作，访问其广泛的成分和配方数据库，从而开发出更好的产品。另一方面，逸仙电商的主品牌——"完美日记"主打大牌平替，合作能够保证产品的质量，做到高性价比和高效的推新速度。通过技术合作和生产合作，逸仙电商获得了紧跟潮流和维持品牌热度的能力，旗下品牌推新速度是海外品牌所不可比拟的。

（3）全面而专门的客户服务。

为提高服务水平和品牌忠诚度，同时维持较高的重复购买率，逸仙电商拥有一支敬业的美妆顾问团队，他们在微信上开拓公司渠道及线下体验店提供有吸引力的个性化服务。团队定期与客户分享美妆内容，并确保从发现到售后的整个化妆过程中都能满足客户的需求。

3. 总结与启示

成立仅四年的逸仙电商，开创了中国美妆企业上市的最快速度，跨越式的发展得益于其创新的服务体验。通过DTC模式、国际一流的供应链生产及全面而专业化的个性化服务，深入消费者，并以强大的生产研发能力支撑品牌热度和紧随时代潮流。

（资料来源：作者根据多方资料整理而成）

服务型企业面临的重要挑战之一，便是企业不清楚顾客到底从哪些方面来评价服务质量。大多数服务型企业往往用服务的核心功能来判断该服务的提供是否被大家喜爱，其实这种看法有局限性。在某种程度上，顾客的流失是因为在体验服务的过程中没有达到预期的服务感知。

第三节　服务感知

顾客的服务感知是顾客对真实服务体验的主观评价，消费者在接受服务的过程中，通常根据服务的质量及满意度来评价服务的好坏。其中，服务接触是顾客感知的基础，服务质量是顾客感知的关键。服务型企业及服务人员只有充分了解顾客从什么视角看待质量，才能够采用有效的策略和方法来影响顾客的服务质量评价过程，因此，优秀的服务企业意识到质量和满意的重要性，通过提高服务质量和顾客满意度使本企业在市场竞争中胜出。

一、服务过程中的顾客感知

服务业中不同行业的服务差异很大，如金融服务、教育服务和餐饮服务之间存在着较大差异。面对不同的服务，顾客进行服务质量评价的角度和方式也存在不同。例如，在就餐过程中，顾客会从就餐环境、饭菜口味、服务人员素质等方面评价餐饮企业；在投资理财过程中，顾客则会从投资回报率、服务人员的专业性、本金的安全性等方面评价投资基金公司。实际上，一项服务的好坏，关键看顾客在服务接触的过程中是否达到了预期满意度。

服务营销是以顾客为起点和落脚点。因此，理解顾客对服务过程的感知，既是提升顾客满意度、建立顾客忠诚的前提，更是理解顾客需求、创造和传递服务价值的基础。

> 专栏 2-5

前程无忧——迎风奔跑的老牌头部人力资源服务商

随着人才需求日益庞大，招聘市场作为企业与人才的媒介，拥有无限的发展潜力。但由此带来的激烈竞争也是不争的事实，在此环境下，人力资源服务企业纷纷寻求进一步的发展空间。前程无忧是中国在人才流量和人力资源服务能力领域领先的人力资源服务提供商，其凭借以上优势和行业影响力，为顾客提供全方位的服务，保持着领先的行业地位和市场规模。

1. 公司简介

前程无忧是甄荣辉于1999年创立的一家专注于提供人力资源服务的企业，公司汇集传统媒介资源和网络媒介资源。另外，公司拥有专业且经验丰富的顾问团队，构成公司竞争的优势，是公司布局国内104个城市的有效保障。公司深耕人力资源服务多年，一方面，致力于为有职位需求的求职人才提供优质的岗位；另一方面，致力于为有人才需求的企业招聘到合适的员工。

2. 独到的商业逻辑

在行业竞争者纷纷将主要服务对象瞄准中小型企业及进行城市下沉时，前程无忧转换商业思维，以开发新服务和收购的方式，对某类客户的需求进行深挖，由此进行招聘细分领域的布局，如应届生求职网、拉勾网及无忧精英网等，都是高度符合细分领域求职顾客需求的招聘平台。这一发展逻辑与当下网络招聘行业的发展阶段是相契合的。

中国的网络招聘已经逐渐从综合招聘向细分领域的个性化招聘过渡。而前程无忧进行商业模式的创新，率先进行细分领域的布局，符合行业发展的趋势。因此，前程无忧能够抓住市场先机。

3. 健全的人力资源服务生态圈

开发人力资源服务方面的新产品与改进公司运营体系是前程无忧经营的重点。此外，前程无忧为着力构建从教育到就业的人力资源服务生态圈，通过投资人力资源相关产业及收购行为，全面布局人力资源服务产业，提高产品和服务的质量与种类，如对猎头招聘、AI面试、职业教育培训与测评、人事外包、人才云服务等方向的布局，这是前程无忧基于当下人才供需现状的战略考量。

4. 总结与启示

前程无忧之所以能够在行业发展中获得领先地位，并且具备较强的盈利能力，正是源于其并举两大"抓手"，即独到的商业逻辑和健全的人力资源服务生态。一方面，前程无忧在选择商业模式时，走出了一条既个性化又符合行业发展趋势的道路，在人力资源服务市场中渗透细分领域，深入求职者群体的个性化需求；另一方面，布局人力资源服务全产业链，从校招在内的招聘开始，到人才培训，再到人力资源外包服务，将产品和服务融入人力资源服务全流程。

（资料来源：作者根据多方资料整理而成）

二、质量管理中的顾客感知

由于服务不同于有形产品，其生产和消费过程几乎是同时发生的，顾客也在不同程度地参与整个服务生产过程，因此，服务业中所涉及的大多数服务质量，并不是服务企业自己界定的质量，而是顾客的主观质量。

1. 感知服务质量的构成

服务消费本质是一种过程消费，在这个过程中，生产和消费是同步的。顾客与服务型企业或服务人员存在着服务接触和互动关系，这些接触和关系会影响顾客对服务质量的主观判断。参照克里斯廷·格罗鲁斯（1982）提出的"感知服务质量"的概念，并将服务质量划分为三个要素：技术质量、功能质量和企业形象。

首先，技术质量：服务的有形结果。服务的技术质量是服务产生的有形结果，技术质量反映服务型企业或服务人员能够为顾客提供什么样的服务。即顾客在服务过程结束后的"所得"，也可以认为是顾客通过服务所获得的具体体验和感知。因此，顾客与企业的互动中得到了什么，对于评价服务质量显然具有重要意义。例如，在咖啡厅可以获得休闲氛围，在酒店可以获得舒适的休息环境，在餐馆可以享受美味的菜肴等。

其次，功能质量：服务的比对尺。服务的功能质量主要衡量的是传递的具体服务方式所带来的利益和享受，包括服务过程中服务人员所表现出来的行为、态度、穿着和仪表等。事实上，由于顾客与服务型企业或服务人员之间存在一系列互动关系，因而顾客更关心服务价值是如何进行传递，服务结果是如何形成的，这对于顾客感知服务质量的形成起着更关键的影响作用。但不同服务型企业和服务人员提供的服务不同，不同顾客接受服务的方式也不同，所以功能质量完全取决于顾客的主观感受，难以进行客观评价。

最后，企业形象：服务的"指示牌"。企业形象是服务型企业在社会公众心目中形成的总体印象，顾客可从企业的资源、组织结构、市场运作及企业和员工行为方式等多个方面形成企业的总体印象。企业形象对顾客感知服务质量的高低有着重要的作用。因为，企业形象给予顾客特定的服务期待，良好的企业形象能使企业更易于与顾客交流，也能够成为服务失误的"保护伞"。在绝大多数情况下，可以将企业形象巧妙地比喻成顾客感知服务质量的"过滤器"，它会以不同的方式和路径对服务过程的小失误进行筛选过滤，留下总体的印象，如一家形象非常好的服务型企业，即使偶尔有些服务上的失误，顾客也会给予充分的理解；反之，如果一家形象不佳的服务型企业，顾客则会放大它们的服务失误，企业及服务人员任何细微的服务失误都会让顾客形成负面的评价。

2. 质量管理的策略

决定质量的特定技术指标和功能特征固然重要，但在质量管理过程中，不能将顾客感知范围局限在特定技术指标和功能特征上，而应该在对顾客的理解上下功夫，否则，在进行服务价值创造、传递和维护的过程中，服务型企业的重要市场资源和能力，可能会投放到企业认为重要但顾客认为不重要的领域和行为上，从而造成资源浪费。

首先，顾客体验：服务质量的终极标准。进入移动互联网时代，移动互联网正在推动一场以顾客感知和需求为核心的"顾客体验革命"。服务消费者的行为与购买决策因素等发生了本质性的变化，服务的终极目标是提升顾客体验以满足顾客个性化需求。可以说，只有顾客体验才是服务质量最直观的体现，缺乏顾客体验感的服务终将黯然失色。创造卓越的顾客体验是拉拢顾客、获得服务市场竞争力的必由之路。其中，最主要的是撬动顾客的心理需求支点。

其次，服务设计：提升顾客体验的必由之路。服务设计犹如产品开发，反映服务型企业对顾客问题与痛点，决定着服务的技术质量，同时也是服务功能质量的重要来源。在服务生产和传递过程中，高水平的顾客参与能够使顾客对服务资源、服务设备和服务过程等形成一定的了解及体会，从而增强顾客对服务技术质量和功能质量的理解，有利于形成高水平的顾客感知服务质量。也就是说，那些充分关注顾客问题、体现市场需求的服务设计，更可能带来高水平的顾客感知服务质量。

三、顾客满意

服务有着与商品完全不同的特性，服务的无形性、同步性、异质性和易逝性共同决定了服务失败是在所难免的。首先，无形性使人们无法用统一的标准来衡量服务，人们对服务的评价比较主观，因此，并非所有的顾客都会对同一家企业提供的服务感到满意。例如，对电影院播放的同一部电影，有些人看后觉得很好，有些人则认为很糟糕。从某种意义上来说，只要顾客对服务不满意，服务就失败了。其次，同步性使企业不能在事前对服务进行质量检验，无法确保向顾客提供的都是合格的服务产品。同时，由于服务的同步性，在很多情况下，顾客与服务提供者会直接接触，更是增加了服务失误的发生概率。再次，异质性使企业很难保证稳定的服务质量。服务人员和顾客都会影响服务质量，都有可能导致服务失败。最后，易逝性使企业难以做到服务的供需平衡。例如，在旅游高峰期，拥挤不堪的人群、嘈杂的环境、糟糕的食宿和到处排队等候都会给游客带来不好的旅游体验。

1. 追根溯源：剖析顾客满意之因

顾客满意是服务中的核心概念之一，顾客满意是顾客的一种主观的心理状态。准确理解顾客满意的含义及类型是服务型企业努力实现顾客满意的前提条件，但对顾客满意仍缺乏比较一致的观点。美国消费行为学专家理查德·奥利弗（Richard Oliver）曾说："每个人都知道什么是满意，然而当问及满意的定义时，似乎又没有人知道。"这表明从不同的视角出发，顾客满意将呈现出不一样的结果。那么，从服务感知的角度出发，顾客满意即产品或服务的效用或利益基本实现或达到消费预期，可以看成产品和服务满足顾客实际需要绩效与感知期望的差值。

顾客的满意评价是一个综合的过程，这决定着有诸多因素会影响顾客的满意度，包括顾客的情感状态、价值偏向、产品或服务的具体特性、服务价格、服务品牌等。从服务感知的层面来讲，可以归纳为以下几个因素。

（1）产品和服务特性。顾客对服务特性的评价会影响顾客的服务感知。顾客的服务感知既包含了对有形要素的判断，也包含了对无形服务的感知。例如，顾客在接受医疗服务时，可能会对医院的硬件条件，如医疗检测设备、医院环境、病房的设备等有形环境有所体验，同时，医生为消费者提供的医疗检查、确定医疗方案和开具药方等服务内容也会同时被感知。因此，企业需要对影响顾客满意度的产品和服务特性进行研究，找出那些对顾客来说重要的服务特征和属性，为顾客增加价值。

（2）消费者情感。如前所述，消费者在选择或在享受服务的过程中，会受到情绪因素的影响。自然，情感因素也会对服务感知造成影响。虽然情感因素遍布甚广且很难穷尽，但消费者的价值观、生活习惯及他们看待生活和评价事物的方式等具有相对稳定的特性，且在接受服务之前就已经存在。因此，服务商可以从这几种情感特征出发，捕捉顾客对服务可能的感知方向。

（3）顾客对消费结果的归因。顾客在体验服务时，可能会寻找服务成功或失败等的原因，这种归因会影响顾客的满意度。事实上，如果消费者将服务失败更多地归因于自身，他对服务的不满意感会下降，相反的情形则会增强他们的不满意感。

（4）对公平或公正的感知。顾客满意度还会受到对服务公平或公正感知的影响。顾客在服务消费过程中常常会考虑是否受到了公正的待遇。例如，自己是否得到了与其他顾客相同的服务？是否得到了平等对待？所得到的服务与花费的钱相比较是否合理？当顾客认为受到了不公平或不公正的待遇时，会感到不满意。

（5）他人的因素。由于服务经常是向一群顾客提供，大家一起共享相同的服务，其他顾客可能会对接受服务的顾客产生正面或负面的影响。

2. 感知再提升：提高服务互动体验

顾客的体验是衡量服务质量最直接的标准，增加与顾客的互动体验感可以对服务中的顾客满意度产生积极作用。

首先，互动体验：利于信息流通。服务型企业只有通过与顾客互动的形式准确了解相关服务信息，才能提供适销对路的服务，才能达到占领市场、获取收益的目的。一方面，服务型企业通过与顾客的互动，可以把服务型企业的宗旨、理念介绍给顾客，向顾客传输共同的价值理念，还可以把有关的政策向顾客传达和宣传，把服务型企业的信息及时传递给顾客，使顾客知晓服务型企业的经营意图，从而理解和认同服务型企业及其服务。另一方面，顾客是服务最直接的使用者，所以他们是权威的评判者，最具发言权，可为服务型企业提供重要的线索，使服务型企业及时了解和改进服务的不足之处。但是，顾客并没有义务将自己的意见和看法反映给服务型企业，如果服务型企业经常与顾客进行互动，向顾客征求意见和建议，就能及时了解顾客的需求，满足他们的期望。例如，顾客对当前的服务是否满意？原因是什么？顾客能够承受的价格在什么范围？顾客最希望得到的服务有哪些……如果服务型企业对这些问题没有透彻的了解，那么任何营销举措都不具有针对性，自然达不到预期的效果。

其次，互动体验：利于增进顾客关系。在服务体系中，生产和消费是同步完成的，从而始终与顾客保持交互状态，这也是服务最显著的特征。而互动是否顺畅愉快，直接影响顾客对服务的评价。也就是说，服务型企业通过与顾客的互动，可以实现合作共赢的局面。一方面，服务型企业与顾客之间的良好互动一旦形成，会使顾客感到自己可以影响服务，从而产生信任感、亲切感，这样可以消除顾客对服务型企业在心理上的隔阂。另一方面，可以促进服务型企业与顾客相互了解对方的价值追求和利益所在，从而激励二者建立亲密关系。

最后，互动体验：利于服务效果提升。如前所述，顾客的配合与否会直接影响服务的效果。例如，一场球赛或一场演出，如果观众太少或者反应麻木，因缺乏气氛和互动会降低球赛或演出的水平。如果顾客能够以积极、合作的态度参与服务生产过程，就能享受到优质的服务。因此，服务型企业要主动关心顾客的需要，为顾客提供贴心的服务，同时调动顾客参与的积极性，使其全力配合、响应，这样才能使双方分享服务的成果。比如在迪斯尼乐园，在已经预设游戏设施和表演轨迹中，游客可以与艺术家、卡通中的主角以及计算机图像同台共舞，通过与顾客的互动共同创造了欢乐的氛围，游客感受到的是一次惊险、安全、快乐的旅程。总之，为了使服务过程成功、圆满，服务型企业必须与顾客进行互动。

3. 提升路径：寻满意提高之策

获取、保持和强化顾客满意是服务型企业获取顾客"心"的最佳途径，也是争取市场份额的重要手段。在市场竞争环境日益复杂的今天，如何从现有客户中挖掘出更大的价值将变得越来越重要，而客户满意度在其中起着重要的作用。但真正要提高顾客对服务的满意度，企业必须制订和实施切实可行的有效策略方案。

首先，经营理念塑造：以顾客为中心。以顾客为中心的企业经营理念是服务营销的根本理念，也是为顾客服务的最基本动力，同时又是引导公司服务决策、维系公司所有部门共同为顾客满意努力的目标动力。

其次，产品开发：令顾客满意。顾客对产品或服务的满意度会受到他们对产品或服务特性评价的直接影响。研究结果显示，顾客将依据其对服务类型的评价和对服务特性的评论，在服务的各种不同特性（如价格、质量、人员的态度等）之间寻找平衡，产品和服务本身的品质是顾客满意的关键。

再次，服务提供：热情＋真诚＋为顾客着想。照顾顾客的情绪是提高顾客满意度的一个关键因素。想象一下，你生活中非常快乐的时刻，如生日、聚会、旅行、促销等，是否希望获得别致的服务？反之，当你心情不好时，低沉的氛围会使你对任何小错误过度敏感，从而获得极差的顾客体验。针对于此，企业必须不断完善服务系统，以方便顾客为原则，用热情、真诚的服务魅力和一切为顾客着想的顾客导向意识去感动顾客。售后沟通是服务企业接近顾客的直接途径，它比通过发放市场问卷来了解顾客意见有效得多，因此，企业的行为必须以顾客利益为首要着眼点。

最后，情感交流：科学地倾听顾客意见。为了实施顾客满意战略，现代企业必须建立一套顾客满意评价和分析处理系统，用科学的方法和手段来检测顾客对企业服务的满意程度，并及时反馈给企业管理层，不断提高流程服务质量。及时准确地满足客户需求。但需要注意的是，人们有顺应人群的心理。因此，除了产品和服务的特性及顾客的个人情绪和信念外，他人的评价也会影响顾客满意度。

专栏 2-6

碧桂园——以体验引领酒店业务的腾飞

消费升级导致消费者更加注重个性化体验，游客倾向享受高端的个性化产品与服务，仅仅提供基础的餐饮、住宿服务的酒店已经不能满足人们的消费需求。对此，酒店想要实现突围必须打造自身特色，针对特定的消费需求设计产品。碧桂园旗下酒店集团基于这一理念，率先在酒店领域获得发展。

1. 公司简介

碧桂园控股有限公司（以下简称碧桂园）是一家业务范围涵盖多类的综合性集团。其主营业务是房地产业务，随着公司的不断发展，碧桂园逐渐涉足物业管理、酒店开发及管理、经营机器人及农业等业务。

碧桂园旗下的碧桂园酒店集团在碧桂园资源的扶持下，获得迅速发展并成功以"碧桂园凤凰""碧桂园假日"及"碧桂园凤祺"三大品牌壮大自身综合实力，领先于国内大部分的高星级酒店集团。

2. 餐饮服务 = 饮食五彩化 + 餐厅无人化

随着人们生活水平的不断提高，碧桂园旗下酒店的餐饮服务在提倡健康饮食的同时，还加入了科技元素，以提高顾客用餐的质量和效率为服务出发点，创造了别具一格的餐饮环境。

（1）饮食五彩化。

均衡饮食理论表明，食物色彩越多，营养越充分。针对于此，碧桂园旗下酒店的餐厅提供名贵的燕窝、鲍鱼和鱼翅，也提供富含酒店当地特色食物：西餐厅汇集大量西式食品；大堂吧中提供中国传统名茶和特色小吃，也提供各式洋酒。此外，碧桂园旗下的碧桂园凤凰国际根据均衡饮食理论在微信公众号中开通"五彩早餐"栏目，推出高营养和"高颜值"的早餐，以健康早餐作为引子，提供全方位饮食健康信息及互动活动，致力成为宾客旅途中的"养生专家"。

除了可口的食物，酒店对用餐环境也做了全面改造升级，对原有自助餐厅的食物架、器皿、摆盘、灯光等进行优化，进一步让宾客在餐厅感受到食物的色彩。

（2）餐厅无人化。

碧桂园一直深耕以高科技发展酒店餐饮。碧桂园通过千玺集团的机器人餐饮发展战略，实现酒店餐饮软硬件融合、人机融合，将酒店餐饮向智慧化发展。

有别于此前的多家单业态机器人餐厅，碧桂园旗下千玺餐饮机器人集团充分利用发明的机器人建设机器人餐厅。在这一餐厅中，客人只需扫码点单，等待20余种机器人厨师提供烹饪、送餐服务。餐厅提供的菜品近200种，拥有集中餐、火锅、快餐三大业态。

3. 客房服务＝个性化主题客房＋智慧化健康服务

碧桂园旗下酒店的客房服务以满足顾客的个性化要求为宗旨，充分考虑顾客住房需求，为顾客提高健康舒适的住房环境。

（1）个性化的主题客房。

如今的服务往往伴随着"同质化"的问题，产品容易雷同。占据人们大部分时间的生活场所也是如此。为了提供个性化服务，碧桂园凤凰酒店为客户量身定制多种主题客房，为不同需求的顾客带来全新入住体验。

（2）智慧化的健康服务。

随着大数据、互联网等新兴技术的发展，人们生活的时空边界被打破，只能在特定场所享受特定服务条件的状况被改变，人们的生活可以碎片化地无缝切换。据此，碧桂园便打破特定生活场景的时空限制，在酒店场景中提供其他场所的健康服务，即在酒店内应用智能按摩椅，顾客在酒店内扫码支付便可获得"随想随享"的智能科技健康服务。

4. 结论与启示

碧桂园通过对餐饮服务和客房服务的独特设计，提高酒店顾客的视觉体验、味觉体验和睡眠体验，在为顾客提高个性化服务的同时，也为自身酒店业务构筑成一条难以复制的"护城河"，为旗下酒店的持续健康发展保驾护航。

（资料来源：作者根据多方资料整理而成）

四、顾客价值

企业的成功并非空穴来风，事实上成功企业的奇迹都是源于对顾客价值创新能力的发挥。如何在一个顾客身上挖掘出更多的价值？主要有两种方式：一种是让顾客获得高满意度，以优质服务增加复购率；另一种就是让顾客以低价买到高性价比的产品或者服务，以此带来更多的新顾客。有很多方法可以达到以上两种效果，但是最根本的是提升顾客价值，只有顾客获得了真正的高价值服务，他才可能多次购买，甚至主动分享给亲朋好友。

1. 顾客价值：塑造"准则+战略"思维

顾客价值是在顾客使用或消费过程中产生的。认真思考后会发现，想用一个概念来描述顾客价值是很难的，顾客价值实际上并不是一个概念，而是一个准则，是一种战略的思维方式，企业所提供的所有服务都必须遵循"以顾客为中心"这一基准。

企业可以依据顾客价值大小来细分市场，根据不同的顾客盈利模式开发相应的营销方案，及时识别无盈利的顾客并终止顾客关系，或者开发有效的营销组合将无盈利的顾客尽快地转化为盈利的顾客等。企业还可以仔细识别特定顾客群所具有的价值，如具有较强的口碑宣传倾向的顾客，以便帮助企业进行品牌宣传。

2. 顾客价值：寻求"创造＋提升"之机

在市场上有两种产品最受欢迎：一是极高性价比的产品，这种产品几乎人人都爱，二是真正高价值的产品，这种产品无论价格多离谱，都不缺顾客。无论是极高性价比，还是真正高价值，其本质都是给到顾客更多的价值。以美团为例，从网络订餐服务扩展到了替顾客跑腿的各种服务，最新又升级到"支持月付顾客"，即顾客可以先消费后付款，周期最长一个月。

商业就是一场价值交换的运动，在价值共创的指导下，服务型企业要想获取顾客价值就要向顾客回馈以消费价值。

首先，获取顾客知识。所谓的顾客知识就是顾客对价值的理解，服务型企业可以在充分获取顾客对服务的感知后，建立系统的、持续的顾客学习机制。通过顾客学习机制，提高顾客信息资源的合理规划利用，确保顾客价值创造和传递的顺畅性。

其次，创造超越价值。要创造出超越竞争对手的顾客价值，一方面通过改进企业的产品、服务、企业和员工形象以提高顾客的感知价值；另一方面通过降低顾客的货币、时间、体力、精力消耗以减少顾客的感知利失。同时，在激烈的市场竞争中，企业还要在顾客价值上进行不断创新，以创新的服务产品获得服务市场竞争优势，以超越现有竞争区域，从而成为既定市场领域的主导力量。

再次，开展内部营销。根据顾客终身价值的观点，企业与顾客建立的关系越持久，顾客的满意度和忠诚度越高，它所带来的顾客价值也会越多。所以，在价值传递过程中，所有影响因素都是企业考虑的内容，尤其是与顾客接触的员工，他们承担着理解、传达并满足顾客需求的重任。员工的满意度对顾客价值感知、顾客忠诚及企业成长都起着重要作用。因此，企业应开展内部营销，建立切实有效的激励机制，提高员工满意度和忠诚度，进而提升顾客价值。

最后，丰富企业价值文化。虽然企业文化达不到像企业制度那样的强约束力，但作为企业全体成员所遵循的价值观和行为，每个成员都必然会沉浸其中，受到潜移默化的影响。服务型企业要成功地创造和提升顾客价值，必须有与之相匹配的企业文化支撑作为服务型员工行为的精神动力。因此，成功的服务企业需要在商业模式、管理体制、企业愿景、职业情操、工作态度等方面进行文化变革和创新，构建基于顾客价值的积极企业文化。

章末案例

万达商管——轻资产化的佼佼者

随着中国经济的快速增长，大多数行业都在以一个较高的速度增长。但面对激烈的市场竞争及商业模式的不断升级，重资产逐渐被企业摒弃，商业经营管理者已经转换思路，把企业向轻资产转型。万达商管便是其中一员。

1. 公司简介

万达商业管理有限公司（以下简称万达商管）是万达集团旗下的子公

司，主要负责万达旗下购物中心、住宅、写字楼等项目的物业管理。其凭借丰富的商业资源、优秀且庞大的商业管理队伍及强有力的运营体系，成为业务遍布全国的连锁性企业。目前，万达商管物业管理覆盖的面积已远远大于1000万平方米。其租金收缴率持续突破99%，打破了全球商业管理行业的纪录，成为万达商管的优势。

2. 势在必行：以轻资产达成服务定位

万达商管最庞大也最重要的产品是冠以"万达广场"之名的城市综合体。在2017年以前，万达商管主要凭借"以售养租"的模式进行运营，即在万达广场附近建立商铺、公寓及写字楼，通过这些地产业务的销售获取现金并滋养万达广场。这被称为重资产模式，就是独揽投资、建造及经营等环节，并且收益全归自身所有的运营模式。而与"重资产"相对的便是"轻资产"。

随着2017年万达集团轻资产战略的启动，万达旗下各业务板块纷纷向轻资产转型，其中，万达商管的轻资产化最为彻底。事实上，从万达商业分拆独立后，万达商管便将自身定位为专业的商业物业管理公司。目前，万达商管已基本完成持有物业的剥离，全面推行轻资产化战略，成为真正的物业管理服务公司。

对于万达商管而言，以轻资产进行运营的方式是：业主负责商场的一切资金，而万达商管主要负责商场招商及后期指派专业化的管理团队，商场以"万达广场"命名。在轻资产模式中，万达商管的回报就是抽取商场经营的部分利润。随着对轻资产模式的不断尝试，万达商管逐渐发展出两类轻资产模式：一是业主只负责资金的投资，万达商管除了后期的招商和运营，还需要为商场找地，并且负责商场的建设，这类模式被称为投资类轻资产模式。二是业主不仅负责资金，同时也提供商场的地皮，万达商管负责从建设到运营的全过程，并且能够获得万达广场30%的净租金，这类模式被称为合作类轻资产模式。

3. 顺势而为：以轻资产展现服务能力

资产由"重"转"轻"的基础前提有三个：一是成熟且专业的管理经验；二是具备竞争力的核心技术；三是良好的品牌形象。就万达商管而言，在多年的运营中，积累了丰富的经营管理经验和商业资源，培育了驰名全国的品牌。得益于以上得天独厚的优势，万达商管获得了富有竞争力的无形资产，其轻资产转型的条件在2020年9月已经得到了市场的验证。

此外，万达商管凭借丰富的经营管理经验和商业资源及强大的品牌影响力，以"轻资产"模式为业主提供的专业化管理团队，必然会在今后较长的一段时间内不断吸引各地投资者加入产业带，由此带来的资金流动会促进商业管理价值体系的建立及良性运转，最终促进以万达商管为中心的生态圈的发展。

4. 启示与总结

万达商管以轻资产化持续深耕商业服务领域的发展模式，符合行业发展趋势。但也是基于当下内外环境的考量。

（1）巧妙解决资金危机。

万达商管的资金较为紧缺，通过轻资产模式，避免了承担较多成本的僵局，因此轻资产模式对万达商管而言是一个正确的选择。

（2）吸引资本市场的关注。

万达商管目前迫切想要登陆A股，但是目前上市A股障碍之一便是A股市场中对房企严格的融资监管要求，而轻资产模式能够帮助万达商管剥离原有的房地产业务。此外，轻资产模式已经成为资本的风口，资本市场对以轻资产模式运营的企业给予较高的估值。

（3）有效降低经营风险。

企业的负债率同企业的经营风险成正比。随着市场经济的不断发展，消费升级带动消费者对服务提出更高的要求，消费者不仅渴求商业服务的场景化，也偏爱服务多元化。面对这样的消费需求，企业如果依旧以重资产的形式进行投资和运行，必然会面临较高的经营风险。万达商管通过轻资产模式，有效降低了企业风险，以"绝对轻的资产"稳健地布局整个产业并获得规模化发展。

（资料来源：作者根据多方资料整理而成）

本章小结

　　服务平台模式是现代服务企业长期探索的结果。服务平台是在移动互联网、云计算、物联网等新兴技术不断发展的基础上，形成的第三方服务枢纽。在服务平台生态下，消费者行为往往是服务效用的评价与反馈，需要引起商家的足够重视。因此，服务型企业需要了解，顾客在购买、使用服务时如何做出决策。只有准确理解顾客的服务消费行为，才能帮助服务型企业有效地识别顾客的服务需求，为服务价值的创造、传递和维护提供必要基础。各界也需要达成这样一种共识：企业想成为市场竞争中的"不败神话"，关键就在于要与时俱进地发挥出服务平台的创新价值引领作用，给出深度吸引消费者的理由，并以最好的姿态服务消费者。

第三章

服务运营

> 技术再智能,也要回归服务本质。科技进步不应该成为老年人"数字鸿沟"的制造者,而应成为帮助老年人跨越障碍、享受数字生活的"助推器"。数字化时代要让科技"适老"。
>
> ——科大讯飞董事长 刘庆峰

随着服务业的快速发展,服务业的规模也在不断扩大,其对我国经济乃至全球经济的贡献也引起了更多关注。细观商品营销,商品的生产过程与消费过程客观上是分离的,因此,就需要一座桥梁将生产与消费联系起来,这座桥梁就是维系价值的服务运营体系。

开章案例

海底捞："互联网+"升级"变态服务"

随着生活水平的不断提高，在外堂食也随之不断增加，促使餐饮业保持着蓬勃发展的态势。然而，在"互联网+"快速发展的背景下，传统餐饮业的服务营销模式已经不能满足人们的需要，要想在瞬息万变的市场上站稳脚跟，保持餐饮业的活力和生命力，关键在于进行餐饮的服务创新。近年来，海底捞以其良好的服务口碑，已逐步成为我国第一大火锅餐饮品牌，当然在深受人们爱戴的同时，海底捞并没有满足现状，而是不断地创新各种服务方式，完善服务流程和升级服务系统，为顾客提供高质量的全新服务，增强顾客黏性，以实现企业利润的最大化。

1. 企业简介

海底捞创办于 1994 年，以其优质服务而闻名。近年来，海底捞确立服务差异化的战略，为顾客带来了全新体验。随着海底捞餐饮帝国版图不断扩大，近百家连锁店已经遍布北京、杭州、广州、深圳、上海等多个城市。海底捞以创新为核心，以"服务至上，顾客至上"为经营理念，致力于提高顾客的体验感和获得感，始终秉承"贴心、暖心、省心"的服务，广受消费者的欢迎与支持，拥有良好的顾客口碑。公司近年来业务也得到了飞速发展，成为餐饮服务业的标杆，也是服务业的创新典范。

2. "变态式服务"：增强客户黏性

海底捞实行服务差异化战略，坚持以"优质服务"升级顾客体验。在当今竞争激烈的餐饮市场中，海底捞始终不忘服务初心，不断升级个性化服务，在客户用餐前、用餐时、用餐后各个环节不断进行服务创新，这也使客户黏性不断增强，产生了良好的口碑效应。

（1）用餐前：让等待充满欢乐。

在"海底捞"的等候区，顾客可以根据大屏幕的叫号，合理安排自己的等候时间。此外，顾客在排队等候时，海底捞免费提供水果、小零食，以及可以免费体验无线网络等服务。在享受服务的同时也挽留了等待服务的人群，做到了一视同仁的重视。

（2）用餐时：贴心的细节服务。

在用餐时，海底捞提供贴心的服务，把顾客当家人看待。例如，在点餐时，服务员会给顾客提供围裙和热毛巾，以防止被火锅汤底溅到；会给女顾客提供发夹，避免因为头发过长而影响用餐的体验感；会提供透明的小塑料袋给顾客装手机，避免被油渍或者被其他东西粘住；此外，海底捞的服务员会提示顾客点餐的数量，避免浪费。

（3）用餐后：细致周到的餐后服务。

在用餐后，服务员会给顾客送上小糖果或者口香糖以清新口气，防止口腔的油腻感。此外，顾客可以把喜欢的水果或者零食等打包带走，为顾客提供良好的增值服务。此外，服务员还可以帮你打车、提车等。

正是这种周到细致的服务才使海底捞在火锅业处于领先地位，最终通过顾客的口碑产生裂变式宣传，保持住客户的增长，提升公司的经营业绩。海底捞变态服务创新还表现在图3-1所示的几个方面。

研发新产品
海底捞推出的"方便菜肴"系列产品，能够让海底捞融入用户更多的用餐场景之中，解锁更多的消费场景

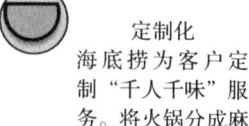

定制化
海底捞为客户定制"千人千味"服务。将火锅分成麻度、辣度、浓度等指标，满足每一位顾客的定制化服务

星级会员
海底捞将会员划分成五星、三星会员进店，客户经理手机APP会得到提示，并将额外留心会员的需要

图3-1　海底捞的服务创新

3. "海底捞式O2O"：将服务延续到线上

传统餐饮行业O2O主要有两种形式：一是引入各类餐饮O2O公司提供的订餐、外卖、社交系统等内容；二是餐饮企业自己建立以上系统。"海底捞式O2O"属于第二种形式，一方面，为了减少不同软件或者不同系统的差别所带来的烦琐操作，海底捞创新性地开发了兼容多种软件或系统的平台，为顾客提供无差异的服务。另一方面，自建O2O互补了线上和线下两个渠道各自的缺点，减少了各个门店的信息不对称。比如，就餐的人数已经满员了，系统会自动给顾客推荐最近的门店以供顾客选择，减少顾客的等待时间，或者推荐外卖服务和等候排号服务。此外，海底捞O2O还包括多个重要组成部分，如图3-2所示。

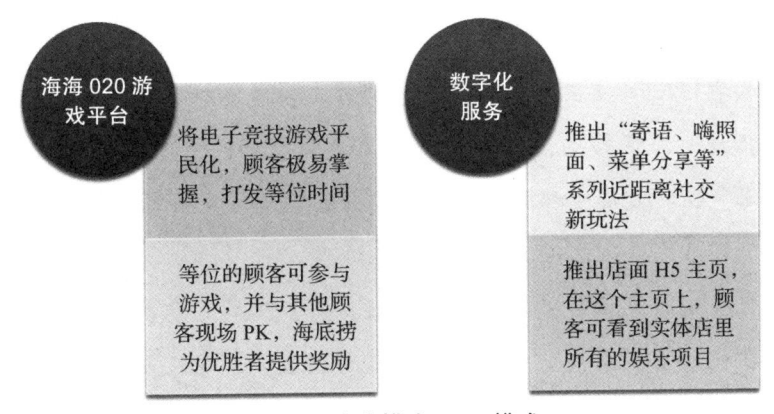

海海O2O游戏平台	数字化服务
将电子竞技游戏平民化，顾客极易掌握，打发等位时间	推出"寄语、嗨照面、菜单分享等"系列近距离社交新玩法
等位的顾客可参与游戏，并与其他顾客现场PK，海底捞为优胜者提供奖励	推出店面H5主页，在这个主页上，顾客可看到实体店里所有的娱乐项目

图3-2 海底捞式O2O模式

从上述可看出，海底捞式O2O将其原有的服务延续到线上，使用数字科技系统跟上信息技术的发展潮流，为广大顾客提供高质量的贴心服务。当顾客适应了线上服务的方式后，将大大提高顾客的忠诚度和顾客黏性，并将此运用到海底捞的实际经营中，为海底捞创新服务方式和完善服务流程提供重要来源。

4. 启示与总结

海底捞紧跟信息技术的发展态势，顺应餐饮行业的发展规律，把握

"互联网+"的发展潮流,始终强调致力于提升顾客体验,不断创新服务方式的经营理念,以满足顾客的需求,实现"让顾客满意"的目标。此外,海底捞在服务差异化战略的指导下,连续多年成为顾客心目中"最佳服务餐厅"。

(1)利用移动互联网,实施极致化服务。

海底捞一直以来都凭借贴心的服务和高质量的菜品赢得顾客的好评,在消费者群体中拥有良好的口碑。通过"互联网+"不断升级顾客体验,加之始终注重服务的理念并充分利用科技手段将餐饮行业的服务做到极致,可以说颠覆了整个餐饮市场。

(2)把员工当家人,实施人性化管理。

满意的员工才能带来满意的顾客,海底捞始终认为员工是企业的核心竞争力,他们的重要性远超利润,甚至超过顾客。因此,海底捞一直把员工当家人看待,通过各种方式努力提高员工的薪资福利待遇。通过各种实施奖励措施,海底捞的员工在工作中更加有干劲,更能提供优质的服务。这也使海底捞的管理干部流失极少,给企业的良好发展打下了人才基础。

(3)完善服务利润链,提升顾客忠诚度。

海底捞不断完善自身的服务利润链,将员工的满意度作为基础,发挥员工的积极作用,用高质量的服务体验留住客户,这既是海底捞广受消费者欢迎的因素之一,也是其成功营销的关键。

(资料来源:作者根据多方资料整理而成)

第一节 服务运营概述

商品消费实际上可以看成结果消费,顾客购买的是生产过程结果的商品。而服务是一方提供给另一方的不可感知且不导致任何所有权转移的活动,是一种有温度的情感劳动。服务消费强调的是过程消费,尽管服务结果是必要的，但顾客参与其中更注重服务带来的体验过程，而且顾客对服务过程的感知和对服务运营管理极为重要。这也就是传统营销的职能与服务营销职能存在差异的根本所在。这也就导致服务运营和传统模式运营有了差异。

一、服务运营竞争力

运营不像编程，做编程就好像在解一道数学题，不管用什么方法，最终只要能解出来正确答案就行。而做运营就好像在做一道主观论述题，可以根据自己的体会写出自己的答案，并且正因为没有标准答案，所以都觉得自己的答案就是正确答案。

服务运营竞争力是获得服务市场能力的综合性指标，也是建立企业进行服务运营的必要手段、是企业个性化竞争的一个重要评价因素。企业提供服务需要面对的是全体消费者，在局部的消费区的服务成功并不代表具有运营竞争力，而是要以长期思维打造持久性、全方位、全领域的服务运营体系。

那么，企业应该如何对服务进行运营呢？

1. 服务培训——提高能力

由于服务的同步性，顾客参与了服务的生产过程，成为服务的合作生产者。可以说，服务人员是提供服务和保证服务质量的关键人物，他们的言行、态度与技能在一定程度上决定了顾客对服务企业的印象。做好服务营销，就需要有能够提供服务营销的人员。一般的销售员或服务员只具备简单的营销或服务技能，显然不能满足服务营销的需要。对销售人员进行服务培训、营销培训，提高所有人员的营销服务能力是必需的。

2. 生产效率 + 服务质量——稳定服务

生产效率和服务质量看起来是两个不同的概念，好像很难将两者联系在一起，但其实生产效率和服务质量就像是一个硬币的两面，企业不能将两者对立起来。然而，既要提高生产效率又要向顾客提供高水平的服务质量，是当前许多服务企业面临的重要挑战。

一方面，提高生产效率对企业很重要。生产效率的提高可以使企业在同行业中保持低成本，意味着企业要么能获得更高的利润，可以投资于新服务产品的研发以不断创新，要么能降低服务产品的价格，成为本行业中的最低价格者，取得竞争优势。但是，如果只是将提高生产效率当成服务企业中运营部门的事，在未考虑顾客需求的情况下，对某些服务进行不恰当的削减，很可能会让顾客不满意。要知道，顾客是服务过程的参与者，也是服务的消费者。

另一方面，顾客需要优质的服务。高水平的服务能提高顾客的满意度，是维护顾客忠诚的重要保证。劣质的服务会使顾客不满意，一旦顾客不满意，他们通常不愿意为之支付高价格，这时如果竞争者的服务质量更好，顾客通常不会向企业购买服务，而是会转向竞争对手，这样不但会造成顾客流失，企业利润减少，还会使企业在市场竞争中处于不利的地位。因此，越来越多的服务企业在不断努力地提高服务质量。然而，如果只考虑服务质量而忽视企业的运营能力和员工素质，也可能会导致营销方案实施的成本上升而利润减少。

最终，"生产效率＋服务质量"才是王道。如果企业单纯地提高生产效率或服务质量，都很容易出现问题。不管是生产效率，还是服务质量，都影响企业的赢利能力和竞争能力，因而成为企业关注的重点。要确保生产效率与服务质量不发生冲突并能相互促进，那么，在提高生产效率与服务质量时，需要注意图 3-3 所示的事项。

总之，生产效率与服务质量相当于一个方程式的两边。生产效率关注方程式一边的企业在服务过程中产生的经济成本，而服务质量则强调为方程式另一边的消费者创造价值。

消费者角度
- 生产效率的提高不能以抵消顾客满意度作为代价，而是要有助于强化顾客满意度

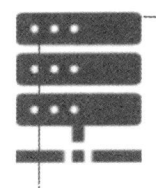

组织运作角度
- 提高生产效率与服务质量都需要各个部门的合作与支持，只有各部门的相互协作才能提高服务质量与生产效率

图 3-3　提高生产效率和服务质量注意事项

3. 理念 + 实践——提升价值服务

树立内部营销理念是凝聚企业价值观的关键，内部营销的理念是将员工视为公司的内部客户，关注员工的需求，这就要求企业以人为中心，重视员工，在了解员工心理需求和行为特征的基础上，灵活运用各种非强制性的管理方法。通过满足员工的需求，使员工能够主动地为顾客提供高质量的服务，从而达到让顾客高度满意的目的。

有了这个想法，自然就不乏实际的检验。企业要进行内部营销，必须把员工当作顾客来对待，其中，对员工的调查研究是企业内部营销不可缺少的重要环节之一。调查研究不仅能反映公司对员工的重视和关心，还能借用外部市场调查的各种方法，了解员工素质、员工生产力、员工士气、员工满意度等情况，从而制订符合企业走势的服务运营方案。

二、营销与运营的平衡

传统服务营销主张企业在充分认识客户需求的基础上，围绕顾客需求采取的一系列营销推广活动。这样的概念本质上还是把营销和运营看作两件事，把运营看作营销过程的一种辅助活动。而在现代营销的运用中，服务和运营的边界已经逐渐模糊，并产生了融合。

1. 时间调节促平衡

服务时间可调化营销包括调整服务时间、建立预订系统、告示高峰时间、采用灵活的用工制度、全天候服务和假日营销等内容，如表 3-1 所示。

表 3-1 时间调节

时间调节内容	诠释	例子
调整服务时间	在服务需求的高峰期增加服务、延长服务时间或调整服务时点	有的大学或有的专业的研究生报考需求量较大，师资相对不足，因此采取让部分研究生"推迟上学，保留学籍"的措施，以缓解供求矛盾
建立预订系统	服务商可以建立预订或预约系统，有计划地安排服务需求和供给时间	航空、旅游、餐馆饭店、旅馆、医院、美容等服务行业都广泛采用了预订系统
告示高峰时间	向顾客告示服务需求高峰时间，可以让顾客避开高峰而选择非高峰期的服务	城市交通管理（服务）机构可以向市民告示堵车的路段及堵车的时间，并以此引导部分出行的市民避开堵车的时段或堵车的路段
采用灵活的用工制度	灵活的用工制度可以支持灵活的时间调节	哈尔滨一些银行实行银行柜员钟点工制，这样可以灵活地适应银行服务需求波动性
全天候服务	全天候服务是不少消费性服务业的发展趋势	在北京，永和豆浆快餐店敢于和麦当劳和肯德基竞争，其竞争优势之一就是全天候服务
假日营销	加大节假日的供给和加强节假日的营销，也是一种调节服务时间的策略	假日消费已成为深圳餐饮市场的一大亮点，特别是在国庆节放假期间，深圳餐饮企业普遍取得经营佳绩。许多餐饮企业的餐桌换台达 10 次以上，出现了排队等待就餐的情形

服务时间的调节在服务营销中的作用主要是接近目标市场、捕捉和利用营销机会、促进服务创新、促进服务个性化和促进特色。例如，服务商为了满足顾客需要增加服务时间、采取灵活的服务时间、提供预约服务等

都是时间可调化营销。对一些需求明显随时间波动的服务业来说，时间调节的意义更加重要。许多服务业周末和周日的需求达到高峰，而其余时间相对平稳，这些服务业可以通过对营业（供给）时间的调节来适应市场需求的波动。此外，还有多个功能，如图 3-4 所示。

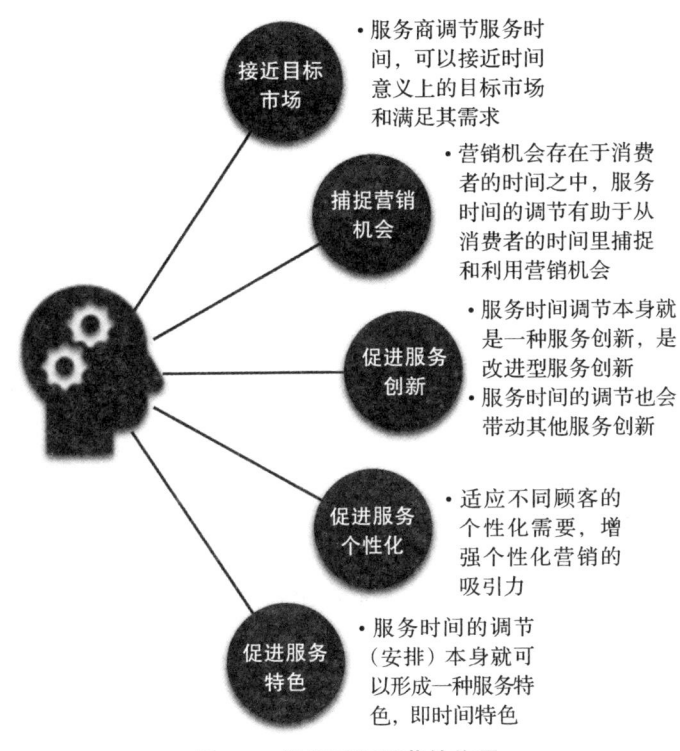

- 接近目标市场：服务商调节服务时间，可以接近时间意义上的目标市场和满足其需求
- 捕捉营销机会：营销机会存在于消费者的时间之中，服务时间的调节有助于从消费者的时间里捕捉和利用营销机会
- 促进服务创新：服务时间调节本身就是一种服务创新，是改进型服务创新；服务时间的调节也会带动其他服务创新
- 促进服务个性化：适应不同顾客的个性化需要，增强个性化营销的吸引力
- 促进服务特色：服务时间的调节（安排）本身就可以形成一种服务特色，即时间特色

图 3-4　服务时间调节的作用

2. 地点调节促平衡

当服务时间的调节不足以达到服务营销的目的时，服务型企业还通过服务地点的调节来达到平衡。服务地点是一个空间问题，服务地点的调节可以看作服务时间调节的一种替代。如上门服务、流动服务、多地点（增加地点）服务和跨地区经营（地点转移）等都是服务地点的调节。

首先，上门服务。上门服务是把服务地点转移到顾客居住地。许多服务业都有上门服务，如邮政、速递、直销商店、物业管理、家电维修、社区医院、家政、家教、保险、律师、出租车等。例如，上海一家提供厨师上门烹调服务的专业公司在春节期间上门服务2000多桌，年夜饭就制作了600多桌。又如，兰州一家大厦率先在兰州市推出上门做菜服务，其口号是"上门做菜，服务到家"。兰州许多顾客来电询问菜肴的价格及风味特色，有的客人找到大厦餐饮部实地考察，这使该商家了解到，确实有不少家庭需要上门做菜这项服务，于是决定将该项目继续下去。

其次，流动服务。流动式服务说到底就是在不同的地点满足同种类服务。这种位置可调的营销方式有着非常好的效果，大大增加了门店的客户群和销量，并已成为门店的核心竞争力。就如目前做得比较成功的美团外卖、饿了么等服务平台，它们瞄准了现代消费者工作紧和生活快的特点，打破了时间、地点的局限，开设移动式外卖服务。此外，一些大城市的商店提供定点班车接送顾客的服务，主动在中小学、社区、车站、广场等拥挤场所提供服务，深受人们欢迎。

最后，多网点服务。服务商拓展或增加网点，形成多网点（地点）服务，这是地点调节的主要方式。大型服务提供商一般采用多站点或多站点服务，以形成和保持规模优势，并利用网点所在地的市场机会。目前，多站点服务的扩展也在蓬勃发展，主要发展模式如图3-5所示。

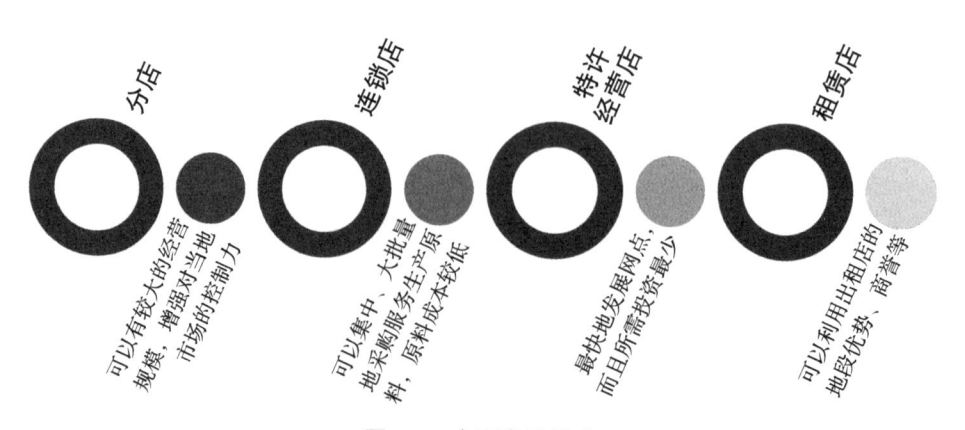

图3-5 主要发展模式

- 分店：可以有较大的经营规模，增强对当地市场的控制力
- 连锁店：可以集中、大批量地采购服务生产原料，原料成本较低
- 特许经营店：最快地发展网点，而且所需投资最少
- 租赁店：可以利用出租店的地段优势，商誉等

服务提供商的选址就是在网点扩张战略的指导下，选择具体的店铺位置。多网点选址应主要考虑商圈、客流、竞争对手和自身实力等因素。如江苏常州大娘饺子在选址前，就花费很多的时间与很大的精力派专业人员到商业区考察，确定人流，并且坚持"晴天看了雨天看，白天看了晚上看，工作日看了双休日看"。最终实现了"开一家，火一家"的成绩。

3. 价格调节促平衡

除了可以调节时间和空间，服务商还通过服务价格来保持运营或者营销平衡。合理的价格有时候可以决定一项服务营销的成功与否。那么，如何在保持利润的情况下，尽可能地接近和满足顾客对服务的价格期望，这是要讲究定价策略的，如目标市场定价、市场定位定价、多价格、顾客定价和差别化定价等。

（1）目标市场定价。目标市场定价就是通过调整价格，使价格接近目标客户的承受能力。例如，黄山酒店的服务理念是"百姓的厨房，商人的食堂"，其目标市场是吃食堂的老百姓和商人。根据这一目标市场，黄山酒店将价格调整为低于高端酒店的价格，并与热门餐厅接洽。这种目标市场定价策略给该酒店带来了明显的价格优势，再加上地理和服务优势，使其成为酒店界的"翘楚"。

（2）市场定位定价。服务型企业可以通过定价的手段与竞争对手区别，以便树立市场差异化的定位。例如，北京中华风味快餐店，把快餐价格定位在盒饭和洋快餐之间，这是有市场竞争力的。洋快餐的原料成本只占售价的 20%～25%，之所以价格这样高，是由于高昂的店租、大量广告支出及高额利润造成的。中华风味快餐店以物美价廉的食品吸引顾客，而餐饮业中口碑是最有效的广告宣传，加上前期的广告投入，因而不用挑选最好的铺面一样顾客盈门，因节省了大量店租，价格低廉也能盈利。这里，中华风味的调价是一种市场定位调价，即介于快餐与盒饭之间的市场定位用相应的价格体现出来。

（3）多价格，又称联合定价。其是指对同一类型的服务，按质量或档次，分别设定两个或两个以上的价格。例如，广州伴溪酒楼对婚宴进行了重新配置，推出了 6 款不同档次的婚宴，价格为 698～1680 元，以满足不同顾客的需求。但多重价格会产生一定的心理效应。如果同一种服务只有一个价格，没有比较，顾客会认为价格高。如果推出两种价格，那么大多数客户都会接受较低的价格。如果低价服务的成本远远低于高价服务的成本，那么双价策略可能会使服务提供商获得更高的利润。如果实行三价，大多数顾客会被虚荣所驱使，可能会接受中间价。因此，服务商可以利用上述心理效应，引导顾客以多种价格购买，实现利润最大化。

（4）顾客定价。服务业传统的定价都是卖者定价，如果反过来变为买者定价，有可能产生奇特的营销作用。例如，现在很流行的定价餐厅——朱利奥家庭餐厅，主张让顾客自己定价。这种新颖的运营方式不仅吸引了顾客，还增加了顾客黏性，让顾客感受到充分的信任感。

（5）差别化定价。不同的顾客对价格有不同的认知与承受力。例如，可支配收入高的顾客群能承受高价位的服务，而可支配收入低的顾客群则正好相反。因此，服务商可以针对不同顾客或不同时段、不同地点的顾客收取不同的服务费用。

许多服务企业对一部分顾客发放优惠券，实质上就是一种差别化定价。获得优惠券的顾客也需要付出一定的代价，如增加服务消费次数、收集优惠券发放信息、预付服务定金等。因此，没有获得优惠券的顾客虽然支付的服务价格较高，但也节省了为获得优惠券而花费的代价。

专栏 3-1

京东：吹响服务创新"协奏曲"

随着直播带货迅猛发展、网红经济加速推进，消费意识和消费目的发生了巨大变化。服务已成为电商平台竞争的着力点，只有优质服务的电商平台，才有可能脱颖而出。为了夯实服务、精准完成服务创新，近年来京东努力强化自身核心优势，通过服务的进化创造长期价值，让京东在电商行业的地位变得不可动摇。

1. 公司简介

京东是刘强东创办的自营式电商企业，公司于2014年5月在纳斯达克证券交易所（NASDAQ）正式挂牌上市。目前，公司经营着京东商城、京东家电、京东金融等子公司。近年来，京东在家电行业持续加大投入，积极推动甚至引领着传统家电行业的改变创新，在提升服务能力和完善服务流程系统方面大胆变革，为家电服务行业树立了全新的榜样，带领着行业紧追时代步伐，在一定程度上加快了传统家电行业从线下服务进化到互联网平台服务的步伐。

2. 赋能聚焦，升级家电服务

京东在智慧物流和售货服务一次又一次的创新升级还让人历历在目。特别是在2018年，京东家电创造性地提出"服务的确定性"，让消费者第一次感受到家电的售后服务竟然可以如此贴心。对于消费者而言，服务的确定性指的是靠谱、实在、贴心。

（1）创新模式＝以旧换新＋信用回收＋在线抵扣。

京东特色的创新体验服务一直以来让消费者备受好评。京东家电形成了"以旧换新＋信用回收＋在线抵扣"的行业创新模式，只需要在线上点一点，就能直接完成回收与购新，旧的机器还没取走，优惠就已经到账了。对比以前出售电器冗长的时间，京东的创新服务得到了消费者的一致称赞。

（2）推出"京伞计划"，升级家电服务。

"京伞计划"指的是36项服务承诺。通过实施京伞计划，仅仅在2018

年，售后服务时效就提升速度至15%，顾客净推荐值上升了30%，主动为京东服务点赞的好评顾客数量增长了40%。由此可看出，消费者买东西，并不仅仅是产品本身，更多的是服务，京东家电的服务就是拥有这样的确定性。

3. 以黑科技再次提升服务质量

当所有消费者认为，京东的服务已经达到极致时，京东在2019年推出各种黑科技，让京东家电再一次走在行业的前面。四大方向的升级，为全行业树立了新的标杆。

（1）售前：AI精准服务。

京东推出AI智能客服，用AI技术准确地解答客户提出的问题，可24小时在线，方便高效。同时，智能客服根据顾客浏览、加购等行为数据分析，为顾客精准推荐产品，一站式解决所有难题。

（2）售中：共享可视互联，透明安心消费。

售中的共享可视互联服务则指的是无论在线预约安装，还是送货服务轨迹，全节点实时监控，顾客可以了解到家电的所有细节。此外，为了杜绝收费乱象，京东提出了透明安心消费服务，现在京东家电全面采用线上收费，以收费管理共治的方式，对费用进行全程管理和担保。

（3）售后：物联交互服务。

京东家电推出的"物联交互服务"，能让消费者在售后方面拥有更多的保障，能让消费者买得更安心、更省心。IoT芯片是物联智能服务的大脑和心脏，该服务主要依赖IoT芯片实现智能管理，让有问题、有故障的家电发出错误提示，让家电使用者及时了解问题情况，减少消费者的后顾之忧。

4. 未来期望

京东家电通过黑科技赋能服务创新，让消费者享受到服务权益，提升消费者的消费体验，让家电全场景消费时代变得触手可及。未来，京东家电将紧紧抓住高科技的发展态势，利用数字化技术加快提升行业服务标准，不断变革创新服务模式，努力成为家电行业服务创新的标杆。

（资料来源：作者根据多方资料整理而成）

三、服务流程再造

服务过程是指服务运作和提供的过程，即服务运作的顺序和具体步骤。不同服务项目的流程存在差异，同一服务公司不同服务活动的流程也有所不同。从消费者的角度来看，服务过程本质是与客户互动的全过程，要坚持以客户满意为目标，调整公司的各个运营环节，为客户提供增值信息和服务，提高客户满意度。要从思维和标准的角度考虑如何服务顾客，把顾客的困惑和利益作为企业的一种态度来对待。服务产品回答了做什么，而服务流程涉及怎么做的问题，企业要创造和提交服务产品，就必须具有相应的服务流程。且随着时间的推移，当原有的服务流程变得不再有效时，企业还需要重新设计服务流程。

1. 设计 + 管理 = 与时俱进的流程设计

从消费者的角度来看，在高接触性服务中，消费者会参与到服务过程中，服务的过程就是消费者的经历。因此，服务流程的设计很重要。粗劣的服务流程会导致服务运转不畅、耗费时间长、服务质量不高，从而使企业的服务人员很难顺利地完成工作，导致生产效率下降，甚至造成重大的服务失误，容易给顾客带来不愉快的经历和令人失望的服务体验。

在企业服务运营的过程中，使现有的服务流程运转不畅的主要原因有两个：一是外部环境的变化。科技的发展、新的法律、竞争者提供的新服务、顾客需求改变等，都会使原有的服务流程变得陈旧。为保证企业流程的适用性与响应性，服务企业需要改进现有服务流程，甚至是创造全新的服务流程。二是企业内部的原因。服务流程在运行中可能会因为种种原因而变形走样，或者变得日益复杂、烦琐。当出现信息冗余、不必要的程序增加、顾客对程序的抱怨增多等现象时，说明服务流程已经有问题了，需要进行服务流程再造。

服务企业需从顾客需求出发提高服务流程的合理性，精心设计和有效管理服务流程。也就是，对现有的服务流程进行分析，制订服务流程再造的调整方案或进行全新服务程序设计，从而给企业带来良好的效益。同时，企业不仅要设计出有效的服务流程，还要管理好服务流程。由于消费者参与到服务的生产与传递过程，企业在设计服务时要重点了解消费者的期望，关注消费者的看法，设计出既能满足消费者需求又能高效运作的服务流程，使之能提供更多的服务产品，并提升消费者的服务体验。衡量服务流程再造质量的指标主要包括提高服务效率、提高顾客满意度、减少服务失误的数量、缩短服务时间，理想的服务流程再造应该同时达到这四个指标，如图 3-6 所示。

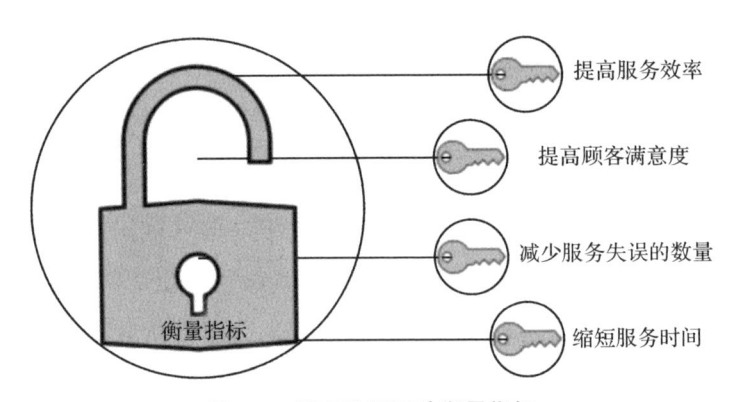

图 3-6　服务流程再造衡量指标

2. 效率 + 质量 = 战略持续的流程设计

服务型企业常常面临这样的矛盾：是保证公司利益，还是让客户满意？每一个公司的目标都是让客户满意，为何最终呈现的结果是只有少部分公司能让客户满意呢？根本原因就是不能兼顾效率和质量。有效的服务流程设计应该是能够同时提高服务效率和服务质量的载体，为顾客带来良好的服务体验。

首先，效率：无缝衔接流程。服务流程的高效率体现为在服务的各个环节和步骤中的无缝衔接，也就是说，服务人员需要及时准确地向顾客提供所需服务的反应程度和服务效率。例如，如饭店接待客人的程序、上餐具、上菜的时间；银行接待顾客的程序、顾客填写的表格等，这些都是服务流程的内容，这一切给顾客留下的印象都会影响顾客的服务体验。

其次，质量：扎稳流程环节"马步"。脚踏实地地做好服务，无论企业员工如何看待服务过程中的每一个环节，他们大都将这些环节作为操作来完成，并且有义务确保这些环节都能无差错地完成，然后对其进行汇总，得到一个高质量的评价结果。

目前，消费需求逐渐呈现差异化趋势、消费习惯日益个性化发展，为精准迎合消费者的"胃口"，方便日后有针对性地发展顾客关系，大多数企业将产品的消费者划分为几类具有明显差异的消费群，这种消费群的划分便是市场细分。与这些企业的营销管理类似，服务型企业在进入市场前，也需要对服务市场进行细分。

第二节　服务定位

只有依次通过细分市场消费人群、选择目标市场及完成市场定位，服务商才能合理地选择并确定能够与之建立和保持服务关系的目标消费人群进行正确的关系营销。因此，一旦服务商定位错了目标群体，顾客关系便难以建立与维系。

一、服务市场细分

服务市场细分是指服务型企业根据不同的顾客特征或服务需求，将整体服务市场区分为若干细分市场的过程。服务市场细分与有形产品的市场细分存在很多相似之处。但是，由于服务与有形产品存在一些差异，服务市场可以比产品市场更细分，因而其具有两个特点：个性化和相容性。例如，由于服务具有过程消费和顾客参与的特征，服务市场细分必须关注同一细分市场中顾客之间的个性化差异。在服务过程中，服务现场往往同时存在多位顾客，为了避免需求差异巨大的顾客在同一时空中产生的可能性干扰，就要保证目标顾客之间的相容性。

1. 服务市场细分意义

服务市场细分能够根本解决消费者服务需求的多样性、企业服务资源的稀缺性和企业间竞争的激烈性。

首先，洞察时机，快速出击。服务企业在进行市场细分之后，可以分析对比各个细分市场在产品竞争力、消费者购买潜力及消费者满足程度等方面的情况，据此分析企业进入市场的准确时机，以便企业掌握新旧产品投放的主动权并及时制订营销决策，保证企业的服务能更好地适应市场需求。

其次，瞄准目标，及时应变。市场细分之后，目标市场的范围较小，服务企业便能根据自身的经营理念、产品技术及市场营销能力合理权衡营销策略，制订出适合自身发展并且针对目标市场实际情况的营销方案。此外，细分后的子市场中的消费者具有一定的共性特征，服务企业可以容易地把握市场需求，接收和处理市场信息。因此，市场细分之后的服务企业能及时把握消费者需求的变动情况，迅速转变营销策略以适应市场的变化。

再次，集中"火力"，争取"丰收"。任何一个企业的人力、财力、物力等资源都是有限的，通过市场细分，服务企业选择了适合自己的目标市场，就可以集中资源，采取集中化的经营策略，以争取局部市场上理想的利益回报。

最后，提高收益，增强实力。上述三个方面的作用都能使服务企业提高经济效益。此外，服务企业通过细分市场，可以面对自己选择的目标市场，提供适销对路的服务，既能满足市场需求，又可提高服务质量，降低成本和增加企业的收入，从而全面提高服务企业的经济效益和市场竞争力。

2. 有效服务市场细分的基本条件

随着消费者对服务质量水平的要求不断提高，服务行业的发展日渐艰难，只有有效的市场细分才能为企业带来益处。因此，服务型企业要获得有效的营销效果，发挥市场细分的功效，需要充分考虑服务市场的基本条件。

首先，市场间需求多样化＋市场内需求同质化。服务需求的多样性是市场细分的基本前提和基础。一方面，有效服务市场细分要求整体市场存在多样化的服务需求；另一方面，为保持服务市场细分的持续有效性，各细分市场之间的需求具有较低的相似性，而各个细分市场内部的消费需求具有较高的相似度。

其次，服务时间稳定＋服务对象固定。有效的服务市场细分要求各细分市场的服务需求具有稳定性，主要表现在两个方面：一是时间的稳定性，指服务需求较少受到季节、时段等时间因素的影响。二是顾客的稳定性，指顾客群体的特定服务需求是比较有规律的，而不是偶发性的；产生服务需求的特定顾客群体是比较固定的，而不是随机的。

再次，服务对象可描述＋细分指标可测量。细分市场的明确性主要是指具体的细分市场可描述和可测量。有效的服务市场细分要求各细分市场能够运用可测量的指标对该细分市场的顾客群体进行综合描述，即顾客画像。例如，某咖啡厅所面对的若干细分市场，能够用年龄、性别、收入水平、生活方式、消费观念等综合指标进行"拟人化描述"。

最后，目标顾客规模可观＋细分市场收益有望。细分市场是否具有适当的规模决定着企业在细分市场中的获益水平。企业选择特定的细分市场，意味着资源和能力的持续投入。因此，细分市场应该具备为服务型企业带来盈利的能力。

3. 服务市场细分的标准

一般而言，服务市场可依据地理特征、人口特征、心理特征及行为特征进行细分，另外，这四个方面还可以进一步细分，如表3-2所示。

表 3-2　市场细分的标准分类

标准	典型划分标准	典型细分
地理特征	地理区域	东北、华北、西北、华南……
	气候	热带、亚热带、寒带……
	密度	都市、农村、郊区……
人口特征	年龄	婴儿、儿童、少年、青年、中年、老年
	性别	男、女
	职业	教师、警察、医生……
心理特征	生活风格	时髦潮流型、平淡朴素型……
	性格特征	内向稳健型、外向活泼型……
行为特征	追求的利益	时髦、低价、安全……
	对品牌的忠诚度	完全忠诚、适度忠诚、不忠诚
	购买态度	狂热、喜欢、无所谓、讨厌

服务市场上的顾客需求差异性非常大，受外界因素影响也十分深远，因此没有一个绝对的方法或者依据对服务市场进行市场细分。各服务行业、企业应该根据自身及外部环境采取不同的划分依据。但是，不管采用什么标准进行服务市场细分，都应该遵循细分原则，并考虑细分的有效性或效益性，防止过度细分。

专栏 3-2

美团：互联网 + 餐饮新业态驱动服务升级

随着新一代信息技术的蓬勃发展，"互联网 +"餐饮已发展成为一种新业态，各种互联网外卖平台应运而生。为上班族、学生等消费群体提供了极大便利，深受年轻消费者的喜爱，成为当今社会一种新的就餐方式。近年来，互联网巨头争相布局餐饮O2O，"互联网+餐饮"成为新兴热点。顾客通过外卖APP订单直接支付，可以让商家预先收取货款，完成商业闭环。以美团为例，其外卖业务模式已经被欧美等众多外卖平台模仿，形成了创新模式输出。

1. 公司简介

美团成立于2011年，2018年9月在港交所上市，它是中国领先的电商平台，专注于为消费者提供更加便捷、智能化的生活服务。目前，美团提供的服务主要包括餐饮、旅游、共享单车、外卖、休闲娱乐等。美团坚持以"帮大家吃得更好，生活更好"为使命，近年来，不断完善服务产业链，努力打造综合生活服务平台。美团以商户规模效应和客户习惯培养两方面的巨大优势，在整合大众点评后成为生活服务领域的电商龙头。

2. "互联网+餐饮"：培育服务消费新动能

随着美团外卖的快速发展，各大"互联网+餐饮"企业也随之崛起，为我国服务消费领域创造了新的发展动能。虽然网络外卖塑造了一种全新的餐饮服务模式，但并非能够完全替代传统地到店餐饮方式，只能说是对餐饮服务业的变革创新。它不仅能够扩大餐厅的服务范围，还能提升餐厅的经营效率，实现线上线下的利益最大化。

（1）赋能商家，提升整体服务能力。

美团与顾客的连接离不开商家，商家服务顾客的能力直接影响着顾客体验。为此，美团外卖为商家提供了一系列解决方案，开发点餐订餐工具、完善商家与企业间的制度、优化在线支付渠道等。通过为商家赋能，既增强了商家服务顾客的能力，也提升了顾客体验。

（2）坚持顾客第一理念，提供高品质服务。

美团始终坚持以客户为中心，用低毛利把实惠留给消费者，不断提升服务质量。美团为了增强顾客体验和服务能力，持续加大投资组建服务体验平台部。且公司基于顾客满意来调配各种资源，用服务为顾客创造价值。此外，美团通过精细化管理降低运营成本，提升运营效率，从而让消费者能够以低价格享受到高品质服务。

3. 深化技术创新，提高服务效率

随着"互联网+"与餐饮行业的深度融合，美团作为外卖行业的代表者和领先者，始终把握住品质升级、效率升级和体验升级三大核心，不断加大对技术研发的投入，建立功能齐全、界面精美、操作流畅的外卖服务平台，努力为广大消费者提供优质的外卖服务，使顾客生活更加便利。

4. 启示与总结

服务源于创新，创新驱动发展。"互联网+餐饮"作为一种全新的餐饮业态，加速传统餐饮业的转型升级，助力中国餐饮行业的发展进步。未来，无论是线上平台还是线下的餐饮商户都仍需不断创新，充分利用移动互联网、大数据、人工智能等新技术来提升网络外卖的服务水平和质量，真正帮助国人"吃得更好"。

（资料来源：作者根据多方资料整理而成）

二、服务市场定位

企业进行市场细分之后就需要对各细分市场的总体吸引力进行评估，根据评估结果选取服务市场，即选定目标市场。最后，企业确定目标市场之后需要进行市场定位。如今同质化服务带来的视觉混乱，使消费者的注意力分散而具有显著的选择性，而服务企业定位的目的就是让有形的服务和无形的服务内容在顾客心目中留下深刻的印象。因此，在当今"眼球经济"的环境下，服务定位对于增强服务企业的竞争力尤为重要。

1. 服务市场定位层次

定位有好几个层次，服务企业提供的产品或服务的定位只是其中之一，即产品层次的定位，而一个系统的服务市场定位组合一般包括四个层次。

首先，行业定位：划定战略区域。服务企业营销定位的逻辑是服务企业必须首先考虑要进入哪个行业，然后再进行服务企业及服务产品组合的定位。因此，服务行业定位是企业经营的前提。各个典型服务行业可以按服务的科技含量、特色和现代化程度进行分类，如图3-7所示。

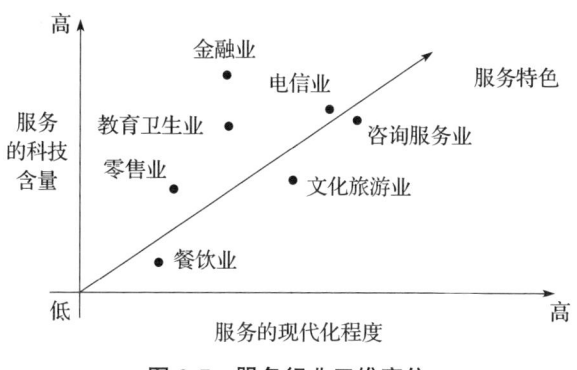

图3-7 服务行业三维定位

其次，企业定位：圈出竞争范围。一般情况下，服务企业在进行企业定位前，需要综合考虑自身的资源实力及在行业中的竞争地位，进而才能进行正确的企业定位。

再次，产品定位：制造竞争"武器"。服务企业的产品定位离不开企业定位，二者是相辅相成的。企业进行产品定位的前提是进行企业定位。企业定位如果正确，企业的产品便会因企业的良好形象而获得较好的市场，企业的产品定位必然会得到进一步的强化和巩固，为企业带来长期效益。

最后，个别定位：捕获顾客的"心"。类似于产品组合定位，个别定位是指在消费者心中留下某个具体产品或服务的印象，一旦这些消费者存在与这类具体产品或服务相关的需求，便会联想到这类产品或服务，因此个别定位追求的是先入为主。

2. 服务市场定位的特征

对于服务企业而言，成功的市场定位具有一定的共性特征。

首先，有意义＋可实现。企业市场定位不仅是华丽的口号，还应当与企业形象、企业经营理念及企业文化相契合。企业形象在合理的企业定位中能大放光彩，企业经营理念在与之相符的市场定位中能被有效地诠释和传达。

其次，真实性＋可相信。企业并非无所不能的"超人"，提供服务的能力有限。因此，成功的市场定位应该集中于某特定服务领域并进行深耕，做到市场定位真实可信。而虚假夸大的定位往往会适得其反，给企业带来不利影响。

最后，独特性＋排他性。定位的目的是让自己的服务或品牌与竞争对手相区别，并吸引消费者的"眼球"和赢得消费者的青睐。为达到这一目的，服务企业进行市场定位时需要保证自身在定位的市场中赢得消费者认同并保持领先地位。因此，服务企业可以通过独一无二的特色定位打造自己的竞争优势。

三、服务市场定位的内涵与原则

服务市场定位是指服务企业根据自身实力，在目标顾客群心中树立竞争优势和地位，并凭借自身的服务符合顾客心中对企业竞争地位的看法。服务市场定位是服务型企业进行服务价值创造、传递和维护的基础，是企业识别和锁定服务价值的集中表现。因此，有效的服务市场定位对引导服务型企业进行服务设计、传递和优化等服务营销活动具有重要影响。服务型企业进行服务市场定位需要遵循以下原则。

1. 差异化原则

差异化原则是指服务型企业在进行服务市场定位时，除遵循满足服务市场的基本需求共性，如服务可靠性、价值性等，更重要的是要运用独特的资源和能力，满足个性化或定制化的服务市场需求，凸显与主要竞争对手在服务价值方面的独特性。差异化原则是服务型企业进行市场定位时需遵循的首要原则，它引领服务型企业服务市场定位的方向。

2. 顾客导向原则

顾客导向原则是指服务型企业必须坚持以目标顾客为中心，以顾客偏好及需求特征为基本前提和最终落脚点进行服务市场定位。一方面，服务市场定位选择必须坚持以响应顾客需求，创造顾客价值为出发点，聚焦于满足市场需求进行服务价值的选择；另一方面，服务市场定位必须以顾客心智为落脚点，即在目标顾客心目中形成区别于主要竞争对手的形象或印象。以顾客为中心是市场营销活动的核心之一，因此顾客导向原则是服务型企业进行服务市场定位的根本原则，它决定着服务市场定位的有效性。

3. 资源聚焦原则

市场资源绝对有限性与市场时空范围相对无限性之间的矛盾，要求服务型企业在进行服务市场定位时需要遵守资源聚焦原则。资源聚焦原则是指服务型企业在进行服务市场定位时，必须遵守"有所为，有所不为"的准则，将重要的市场资源运用到最关键的竞争领域和最重要的目标市场，以使资源的市场价值最大化。资源聚焦原则是服务型企业进行服务市场定位的重要原则，它最终影响服务市场定位的操作性和持续性。对缺乏资源和能力的中小服务型企业而言，资源聚焦原则是其在竞争激烈的服务市场获取生存空间和发展潜力的法宝。

专栏 3-3

苏宁易购：专注服务初心，全面升级为零售服务商

随着新一代信息技术的发展和应用场景的加速落地，传统的零售行业迎来了全新的发展机遇，各种智慧零售应运而生。苏宁与时俱进，创新了线上苏宁易购新的渠道和新的平台。将互联网的技术深度融合到线下的场景，打破线上线下的壁垒，以实现线下零售业的转型升级。

1. 公司简介

苏宁易购创办于1990年，经过三十多年脚踏实地的发展，在国内智慧零售市场中苏宁易购一直位居榜首。目前，公司业务主要包括传统家电、生鲜、服饰、数码产品等。苏宁易购始终秉承"服务是苏宁的唯一产品"的服务理念，注重人才发展战略，公司员工越来越年轻化。在未来的十年里，苏宁将保持为顾客提供优质服务的初心，努力打造下一个十年，从而全面升级为"零售服务商"，以期保持企业自身生命力和竞争力。

2. 构建"五新全景图"，升级消费体验

苏宁创新地应用5G技术，开发网络购物建应用程序，为消费者提供琳琅满目的商品，这不仅促进了智慧零售又好又快的发展，也延伸了它的发展边界，而且能够为消费者带来更新、更好、更便利的购物体验。苏宁着力打造的"五新全景图"。

（1）新模式。

5G物联网覆盖全球，能够打破原本的信息阻隔障碍，使得分散各地的产品、消费者和供应商等互联互通起来，加快去中间化的步伐，降低企

业的经营成本。

（2）新场景。

随着 VR、AR 等虚拟技术的不断成熟，苏宁易购将新技术与智慧零售不断进行深度融合，为消费者打造了一个虚实结合的全新购物场景，以突破时间和空间的障碍，不断丰富顾客的购物体验。

（3）新产品。

5G 具有传播速度快，传播容量大等特点，因此利用 5G 技术能够使得收集、运行、传输大量繁杂数据更加便捷更加有效，这也为智慧家庭新产品的研究开发奠定了基础，积累了新产品的研发经验。

（4）新体验。

随着 5G 等数据处理技术的广泛应用，人工智能服务、VR 虚拟技术服务的应用也将加速落地，为消费者带来全场景、低延时、高效率的体验感。

（5）新服务。

5G 将推动无人配送、智慧物流等新服务的应用。

3. 线上线下相结合，围绕服务不断创新

近年来，公司推出一系列服务措施，不断加强零售基础能力的开放，通过线上线下渠道优缺点的相互补充，推出服务保障承诺，最大限度地保障消费者的合法权益。

（1）推出 46 项服务，保障顾客体验。

苏宁易购推出 46 项服务，从消费者购买到产品使用、送货上门到上门安装等各个服务环节，全方位保障顾客体验，为消费者提供贴心服务。其中，如果是因为质量出现的问题，则提供 30 天包退、365 天包换两个服务承诺，作为 46 项服务的两大亮点，广受消费者好评和赞赏。包换和包退服务在一定程度上减少了消费者的后顾之忧，便于解决产品的售后问题。

（2）精耕顾客体验，打造"服务 PLUS"。

苏宁易购门店结合线上线下的渠道，始终坚持为消费者提供优质服务的宗旨，注重消费者体验的提升，形成了"服务PLUS"等一套解决方案。例如，消费者可以在APP进行预约，享受到店的专门服务，并且可获得更多的折扣优惠，保障消费者权益不被侵害；为了能让消费者合理消费，线下体验区提供专业的商品体验、讲解、演示等服务。

4. 启示与总结

随着内需的扩大和产业的转型升级，苏宁作为我国领先的零售业，一直以来都十分专注数字化的转型升级，为苏宁未来的十年打下坚实的基础，引领着智慧零售走向变革创新。未来，苏宁应不断提升服务创新的能力，大胆摸索大胆创新，帮助更多线下零售商转型升级，实现零售商和企业的"双赢"；不断满足消费者美好生活诉求，以科技引领服务创新，适应零售市场的瞬息万变。

（资料来源：作者根据多方资料整理而成）

四、服务市场定位实施步骤

服务企业需要遵守市场定位的原则，权衡服务企业自身的资源情况，并遵循服务市场定位的原则，按步骤进行市场定位。

1. 服务市场定位的实施步骤

市场定位是为了追求比竞争对手更有竞争力的优势，因此，服务企业在进行市场定位时需要重视培育属于自己的服务产品以及创立独特的品牌。服务市场定位包括三大步骤：首先是确立优势，其次是选择相对优势，最后需要显示独特优势。

首先，市场环境＋企业条件＝确立优势。服务市场定位需要知己知彼，以明确企业自身的优势，方能成功定位。一方面，服务型企业需要根据市场环境，充分了解和分析市场结构、竞争对手所具备的产品和能力、顾客需求三方面因素，在此基础上寻找可持续的服务差异化。另一方面，服务型企业需要充分考虑目前竞争对手的市场定位及目标消费者的真正利益诉求，明确企业自身资源条件，确保有能力利用优势资源实现服务市场定位。

其次，比较劣势＋比较优势＝选择相对优势。服务型企业是否能够在顾客心目中形成独特形象，既取决于企业或服务的独特水平，即企业或服务的绝对优势，同时还取决于与主要竞争对手之间的比较优势，即企业或服务的相对优势，表现为企业超越行业竞争对手的潜在能力。因此，服务企业在进行市场定位时需要与竞争对手进行全方位的实力对比，具体分析、比较双方的比较劣势和比较优势，从而准确、高效地挑选出企业自身的相对竞争优势并将其作为定位的出发点。

最后，顾客认同＋情感升温＋偏误纠正＝显示独特优势。在确立独特的竞争优势之后，服务企业需要对目标消费群进行宣传和促销，将自身的相对优势有效地传达给目标消费群，并让其印象深刻。保持企业定位在消费者心中的深刻印象，是一个长期的过程。一是企业需要让潜在消费者了解和熟悉市场定位，并逐渐引导潜在消费者认同甚至偏爱企业的市场定位。二是企业需要不断努力让目标消费者保持对企业定位的认同并且加深其偏好。三是企业需要时刻了解消费者对其市场定位的理解，对于与市场定位有出入的认识混乱与偏误，企业需要及时纠正。

2. 服务市场定位策略

服务企业制订市场定位的策略，可分别从自身发展战略及消费者利益两个视角确定思路。为稳定自身发展战略，服务企业在进行市场定位时有迎头定位、避强定位和重新定位三大类策略可供选择，如表 3-3 所示。

表 3-3 稳定发展战略的市场定位策略

定位策略	解释	优缺点	前提
迎头定位	服务企业与行业中实力领先的企业进行较量	优点：以高标准激励企业经营和发展，一旦竞争成功，企业便可在行业中谋取巨大的市场份额并获得行业的领先地位 缺点：经营风险较大	首先，市场要有巨大的容量能够承受两大企业的服务供应能力；其次，企业的服务要独具特色，能够明显与竞争对手相区分；最后，企业的实力、目标需要与定位相匹配
避强定位	服务企业避开实力强大的服务商，把目标瞄准市场较为薄弱的环节	优点：能够避免激烈的正面冲突，获得较好的市场回报，有利于巩固企业当前的位置并塑造独特的竞争优势，也会给顾客留下较为明确的印象 缺点：企业需放弃某个最佳的市场位置	首先，企业需要拥有能够提供高质量并且独具特色的服务资源，如技术、员工等；其次，在执行低价策略时，仍能达到利润目标；最后，有效地宣传企业具备"行业内服务性价比最高"的优势
重新定位	企业根据市场需要进行企业定位的改变或调整，包括产品、品牌或经营性质、领域等方面	优点：灵活应对市场环境的变化，纠正原有不正确或者无法达到营销目标的定位，能够满足企业发展需要 缺点：具有一定的风险，不仅需要企业在内部达成共识，还要重新获得顾客对定位的认可	首先，原来的定位与企业发展、产品特色、品牌特点不匹配；其次，企业的经营环境改变或者目标消费群发生了变化；最后，企业找到了更有意义的新定位

　　根据消费者利益制订企业定位策略时，服务企业有三类定位策略可供选择：一是考虑功能性利益，二是考虑情感性利益，三是考虑自我表现利益。功能性利益定位是指从功能上吸引消费者，为消费者进行重新定位，这是服务企业常用的定位策略。情感性利益定位是指为应对服务和产品的同质化，服务企业依靠情感性利益（亲情、友情、爱情）进行定位，从而与竞争者形成差异。自我表现利益定位是指服务企业将自身视为帮助目标消费者表达财富、身份、地位、价值观、个性、品位的载体与媒介。

　　唯有可评估，方为可改善。有效的服务评估是应对服务提升的最佳方式，是服务型企业在竞争环境下维持顾客关系、确保顾客满意、实现服务价值维护的重要手段。

第三节　服务评估与改善

由于服务业涵盖的内容非常宽泛，服务的种类纷繁复杂，不同服务的表现形态也各异，从而导致服务型企业构建有效服务评估路径也存在差异。但是，无论是在生产性服务业，还是在消费性服务业，抑或是在传统服务业和新兴服务业中，服务型企业应构建有效的服务评估和改善体系，并进一步针对存在的不足和缺陷确定服务补救方案，以改善服务。

一、测量顾客满意

唯有可测量，方为可管理。顾客满意度常常是评价服务的指标，但其衡量标准并不统一，顾客重复购买企业产品或服务的次数，或者是购买企业产品或服务的种类、数量都可以被用来衡量顾客满意度。但顾客满意度从字面上理解就是顾客对服务或产品的满意程度，即顾客需求被满足的程度，如果根据"顾客为中心"的原则，衡量顾客满意度的最终目的就是寻找影响顾客满意的指标。

1. 超出顾客预期——满意溢出

单纯地做好产品与服务，仅仅是让顾客满意的前提，想要让顾客对产品与服务更满意，需要为顾客创造惊喜。简单举个例子，如果你在一家菜品色香味俱全、环境舒适干净、服务人员从穿着到服务面面俱到的火锅店用餐，你可能会感觉体验不错，但你并不会因此将这家火锅店作为下次吃火锅的首选或者将其推荐给亲朋好友。这是因为菜品和服务是火锅店经营的基础，而你并没有感受到火锅店给你的意外惊喜。现在换一个场景，如果你在吃火锅时，在你打包未吃完的西瓜时，给你准备了一个完整的西瓜。在接受这些服务后，你很有可能会向朋友推荐这家火锅店。此时，你的反应就是超出顾客服务预期后所表现出的满意溢出效应。

为何在两个火锅店的消费反应相差会这么大？根源在于顾客享受到的暖心服务超出了你的体验预期。由此可见，想要让顾客满意，就要让顾客享受到意外的惊喜体验。

2. 测量顾客满意——评估服务

顾客是否满意，在本质上取决于实际体验与目标服务预期的差值。

首先，既定预期——预先设定。既定预期就是顾客在了解、熟悉、体验产品或服务之前，产品给他们带来的体验的预先设定。既定预期受个人对替代品的了解程度和对需求满足的严格程度的影响，因此既定预期在个体间是存在差异的。例如，自行车服务商对自行车新手和专业玩家的销售策略是不同的，这是因为二者对所购产品的既定预期存在差别，自行车新手对产品的价格较为重视，但是影响自行车专业玩家购买决策的关键是品牌及自行车的零部件。当然，由于互联网时代信息的高速传播、市场教育的不断成熟等原因，不同个体对同一产品的既定预期正在慢慢靠近。但即便如此，服务商依旧需要去了解顾客及其既定预期，唯有如此，才能保证提供的服务到位。

但顾客预期不是一成不变的，顾客预期会随着顾客自身因素和外在因素的变化而不断地调整。一般来说，影响顾客预期的因素有以下几个，如图 3-8 所示。

其次，目标预期——服务设想。目标预期就是顾客对某一服务体验的预先设想。在亲身体验目标服务之前，顾客会主动或通过广告宣传、口碑推荐等被动方式了解产品的各种相关信息，据此对服务带来的体验及服务满足需求的能力做出预期判断。当顾客的既定预期在一定程度上低于目标产品预期时，便会产生购买欲望。服务商营销的目的之一便是提高顾客的目标产品预期。

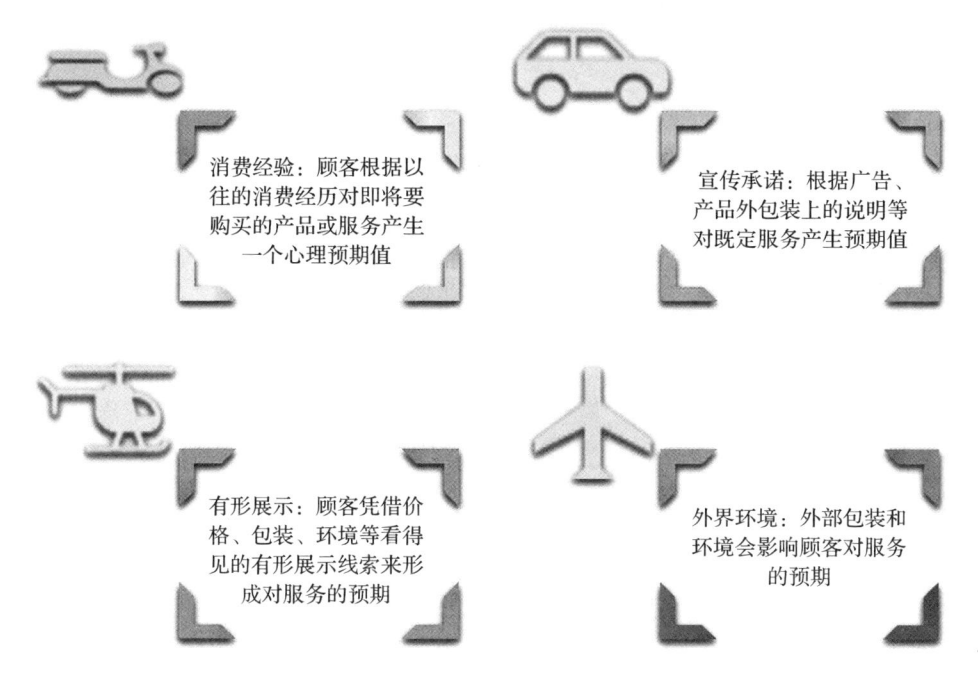

消费经验：顾客根据以往的消费经历对即将要购买的产品或服务产生一个心理预期值

宣传承诺：根据广告、产品外包装上的说明等对既定服务产生预期值

有形展示：顾客凭借价格、包装、环境等看得见的有形展示线索来形成对服务的预期

外界环境：外部包装和环境会影响顾客对服务的预期

图 3-8　影响顾客预期的因素

再次，实际体验——实践感知。实际体验指的是顾客在接受服务时的体验。为更好地区别既定预期、目标产品预期以及实际体验，现在举一个例子：一个顾客对重庆小面的既定预期是"一碗面，里面有辣椒油、一两片蔬菜及几片肉"，当他看到一家广告语为"觉得肉不够？几大碗配菜随你夹"的重庆小面店时，便会认为这家店里的重庆小面会提供很多配菜，这就是目标产品预期。由于目标产品预期远远高于既定预期，他便产生了进店消费的想法。进店叫了一碗重庆小面，待面上桌了，才发现碗里的菜依然是一两片，询问老板才知道，"几大碗配菜"是桌子旁的一碗酸萝卜和一碗酸豆角，顿时失望至极，这就是实际体验。

最后，满意衡量——事后反馈。顾客对服务的满意是一种心理活动，是顾客的主观感受，是顾客的预期被满足后形成的状态——当实际体验没有达到预期时，顾客会不满意；当对服务的感知与预期一致时，顾客会感到满意；当对服务的感知超出预期时，顾客就觉得"物超所值"，就会感到非常满意。可见，衡量顾客满意可以划分成三种情况对顾客满意进行测量，如表 3-4 所示。

表 3-4　顾客满意衡量

衡量式子	满意程度	理由
目标服务预期＝实际体验	感到满意	因为实际体验和目标服务预期一致，是否能够获得顾客满意，在很大程度上取决于服务自身的实力
目标服务预期＞实际体验	感到不满意	广告宣传提高了顾客对产品的目标预期，但是顾客的实际体验效果却不佳
目标服务预期＜实际体验	感到非常满意	一旦顾客的实际体验超出他们对产品的目标服务预期，顾客便会对该服务产生更多好感，从而进行重复购买或者加入产品的推广活动

因此，为保证顾客对产品感到满意甚至是非常满意，必须要保证实际体验满足或超出顾客的目标服务预期。一方面，在营销时合理控制顾客对产品的目标预期，确保企业有能力带给顾客超出预期的体验；另一方面，重点分析并挖掘顾客实际体验过程中的价值，给顾客的实际体验提供更多惊喜，让顾客在实际体验中获得超出预期的服务。

二、服务效率的提升

提高客户服务效率是每个企业都面临的问题，服务好客户是每一个企业发展壮大的前提条件，但是在服务客户的过程中经常会出现公司运营得很疲惫，多数客户很不满意，那么，如何缓解服务效率低下的局面呢？

1. 多功能化：节省顾客成本

服务多功能化是使顾客在同一家服务商那里获得多种功能不同的服务策略，顾客在一家服务商能得到多种功能不同的服务，可以节省跑多家服务商的时间和成本,更重要的是,在营业时间不延长的情况下,增加顾客与服务人员之间的了解与互动,等于在相同营业时间里增加了服务客流,从而达到提升服务效率、服务创新及服务收益的效果。

2. 一揽子化:缩减烦琐流程

服务一揽子化具有服务多功能化所具有的作用,而且它的作用比一般多功能营销更显著。其是指服务商对同一个或同一细分群顾客提供功能不同但相互关联而且成套(或配套)的多种服务,即一揽子服务(或全包服务),以便提高企业的服务效率和顾客的消费效率。一揽子服务就是成套的多功能服务,是较高层次的服务多功能化。主题公园的成套游乐项目、饭店的套餐、婚宴、自助餐,旅行社的组团、展览会、长途列车、客运轮船,装修公司的全包装修,寄宿制学校、医院住院部、家政、保姆、社区生活服务等,都是服务一揽子化的典型例子。

专栏 3-4

小猪短租:从享受到服务,打造分享住宿生态链

随着共享经济的蓬勃发展,在线短租模式充分利用互联网平台将闲置的房屋资源进行有效整合,大大提高租房的便利性,有效解决了资源浪费的问题。人们可以根据自身的租房需求,通过在线短租平台选择租房。同时,在线短租平台以高效便捷的方式接连房东和租客,并提供各类优质服务,小猪短租就是在线短租平台之一。

1. 公司简介

小猪短租成立于 2012 年 8 月,已逐渐成为我国房屋共享经济领域的代表企业。在共享经济的日益发展下,小猪短租逐渐成为我国房屋共享经

济领域的典范，公司致力于构建安全与信用体系，以期为房东和租客提供具有全方位保障、安全高效的在线租房沟通和租赁交易平台，让闲置的房屋资源高效运转及被充分利用，以最大限度地发挥各类闲置资源的价值。此外，小猪短租一直秉承提供更具人情味的住宿体验的经营理念，通过创新共享房屋的服务模式，转变以往中国人的住宿观念，引领着房屋共享经济的蓬勃发展。

2. 强调特色和品质，注重服务赋能

共享住宿领域有两个明显的趋势：一是个性化特色。今天的消费者不只需要基本产品和服务，更希望得到的服务都是个性化的。此外，房东作为一个鲜活的个体，对住宿有不同的理解，对服务有不同的理解。当需求和供给连在一起的时候，个性化的潮流已经出现，而且越变越快。二是品质。目前，短租市场出现了很大的变化，不只是消费者追求更有品质的服务，而且房东也提供了更具品质化的产品。

对于国内的共享住宿来说，特色化和品质化一直是"鱼和熊掌，不可兼得"的两个选项，原因在于住宿接待是很重的服务，有大量的环节，每个环节的工作都集中在房东身上的话，对房东的时间和精力占用比较严重，而且每个房东自身能力、专业度和服务意愿不同，难以形成统一的、有品质的服务。而小猪短租的服务赋能体系，要解决的正是保证特色化的同时如何最大化地提升品质，以减轻房东的接待和经营负担。

3. 体验为王：小猪短租的底气与坚持

小猪短租到底是什么？它不是简单地在这个产业上搭建一个平台，让大家去分享房子，而是搭建了一个服务型平台，不管是房东还是个人，都可以无时无刻地在平台当中，享受到平台提供的服务。用户的体验不是简单地由房东提供的，而是房东跟平台一起提供的。

首先，重视安全与信用体系建设。在公司成立之初，小猪短租就非常重视安全与信用体系的建设,采取身份验证系统、智能门锁、芝麻信用认证等一系列解决方案。小猪短租除原有的机制建设外,还结合新一代信息技术不断升级安全与信用认证系统,并加快生物识别等技术应用速度和创新研发智能门锁。

其次,推出智能化众包服务。房屋资源的有效利用更加智能,用户参与方式更加便捷,是短租市场蓬勃发展的重中之重。小猪短租推出品牌揽租公社业务,为房东提供房屋设计、装修、家电配饰等解决方案,并构建更加智能的众包服务网络,不断创新平台服务模式。

最后,解决发票痛点,打开商旅市场。随着小猪短租的日益发展,房源的数量和质量稳步提升,公司以自身的优势开发商务出行这一全新业务,创新性地解决以往商务出行开发票难等痛点,为商务旅行用户提供更加优质的出行服务。目前,小猪短租与湾流国际等多家企业进行合作,为企业用户打造全新的住宿体验。

4. 启示与总结

随着互联网的快速发展,创新理念与服务行业深度融合。小猪短租作为提供特色住宿服务的互联网平台,一直以来坚持满足不同用户的体验需求,并且将体验做到极致。未来,小猪短租将打造全新的住宿体验,帮助用户探索更加多元化的住宿体验,满足用户个性化、差异化租住需求。

(资料来源:作者根据多方资料整理而成)

三、理解顾客满意度

很多人认为,让顾客满意的办法就是要尽可能地为顾客提供最好的产品和服务,这个出发点没有问题,也容易被大家接受,但忽略了其中一个隐含的问题:要不要考虑成本和效益?

回答是肯定的,优化成本和追求效益是企业提供服务所必须关注的两个话题，不计成本不仅难以获得效益，甚至可能导致企业入不敷出。因此，企业往往希望用较低的成本获得较高的顾客满意度，但是如何才能做到这一点呢？企业可以通过两条路径提升顾客的满意度：一是调查了解顾客预期；二是引导顾客预期。

1. 了解顾客预期

市场上的产品日益丰富，顾客的选择也随之增多，服务商只有通过与顾客的实际接触才能精准地掌握顾客的实际偏好并赢得顾客的认可、满意及忠诚。因此，企业需要对目标顾客展开市场调查，重视与客户的接触过程，不断完善对顾客的触点建设，在摸清顾客对企业产品预期的同时，无缝隙地向顾客分享产品信息，为顾客提供差异化的体验。

2. 引导顾客预期

我们知道，如果顾客对产品产生较高的预期，一旦企业提供给顾客的感知服务价值没有达到顾客预期，顾客就会感到失望，进而不满。为此，企业为了让顾客满意和尽兴，必然会改进服务以迎合顾客过高的预期，由此便会带来较高的服务成本，企业的收益便会减少，企业的努力就会事倍功半。但是，这并不意味着顾客预期越低越好，因为预期过低的顾客缺乏购买产品或者服务的欲望，会跑到竞争对手那边去消费。看来，顾客预期过高、过低都不行，企业必须主动出击对顾客预期加以引导。

那么，如何引导顾客预期呢？

首先，以当前的努力和成效，引导顾客的良好预期。顾客的价值观、需求、习惯、偏好等属于企业的不可控因素。但是，如果企业能够认真做好当前的工作，从身边小事做起，从细节做起，努力使顾客获得美好的体验，长此以往就能够使顾客获得积极的、正面的消费经历及口碑介绍等，从而使顾客对企业有良好预期。

其次，以留有余地的承诺和宣传，引导顾客的合理预期。企业的过度宣传，会使顾客提高产品预期，如果实际体验与预期之间存在差距，顾客满意度就会降低。例如，人们对承诺捐赠却没有兑现的企业的反感程度远大于未捐赠也未提捐赠的企业。可见，企业不能对顾客进行夸张的宣传与欺骗，而是要以自身能力为出发点进行恰当合理的宣传，只向顾客承诺自己能力范围内的事情。因为如期兑现承诺，会为企业赢得顾客的信赖。

但是，如果企业进行恰如其分的宣传，那么顾客的预期就不会过高，顾客在实际体验中的感知可以轻易地超过预期，此时顾客就会感到产品或服务"物超所值"，由此带来的消费惊喜会让其对企业感到满意。例如，运动服畅销的日本美津浓公司，在其运动服里的纸条向顾客表明：即便保证染料和技术最优，衣服还是会稍微有点褪色。这种做法便是让顾客的预期处于合理范围，假若衣服褪色，顾客也不会产生被欺骗或者实际感知过低的体验，从而对服务感到满意。又如，迪士尼乐园常常会以广播通知时间的形式对排队玩某一娱乐设施的顾客设定较长的等待预期，但顾客实际的等待时间总是短于通知的时间，因此让顾客对迪士尼乐园的服务感到满意。

四、评价服务质量

随着人们生活水平的提高，与生活息息相关的服务产业获得了较大的市场需求，服务业空前发展。对此，服务企业面临的竞争也日趋激烈，各服务企业纷纷对优化服务投入了较多关注。调查表明，顾客愿意为了更优质的体验多支付140%的费用。本质上而言，服务质量是一种主观范畴感知，受到企业和顾客两方面因素的影响：在企业方面，服务设计、服务接触及顾客关系等因素影响着顾客的质量感知水平；在顾客方面，顾客接受服务的经历、顾客对服务的期望及顾客在接受服务过程中产生的情感等因素都会改变顾客对服务质量的主观感受。总的来说，当顾客对所接受的服务进行质量评价时，他们会受以下几个关键因素的影响。

1. 服务设计：价值创造的核心环节

服务设计及服务市场需求的总体理解是服务价值创造的核心环节。顾客希望服务型企业，包括服务人员和运营系统，能够关切、理解并努力解决他们所面临的问题，进而在服务设计中体现出响应顾客需求的服务价值创造。

同时，服务的生产和传递过程中顾客的参与性使顾客对服务资源、服务设备、服务过程都有一定的了解及体会，因此服务型企业应该尽可能地让顾客参与服务内容和过程的设计，使其感受到企业的重视，为服务设计及完善提供重要建议。这既可以改进技术质量，又对功能质量有一定的影响。

2. 服务接触：关系联系的互动环节

服务接触指的是服务商或者一线服务人员同顾客之间的互动环节。就是在这一环节，顾客能够充分地了解服务的特性与品质，从而对服务的一系列功能和质量做出评判，是企业对顾客传递服务信息的关键时刻。因此，企业要把握这一时机，全面改善顾客心中对产品或服务质量的整体感知。如果在服务接触中出现瑕疵或失误，企业必须花费数倍的时间和金钱来补救顾客感知到的较低的服务质量带来的不良后果。

同时，在服务接触过程中，服务的技术质量也被传递给顾客。服务的效用与价值，即服务结果是通过服务接触过程中若干个关键时刻连续地向顾客进行传递，而这些关键时刻为企业及服务人员提供了向顾客展示服务品质的重要机会。例如，乘客从到达机场办理登机手续开始到乘坐飞机，再到下飞机后取回行李离开机场为止，与航空公司存在许多服务接触。北欧航空公司（SAS）正是抓住了每次15秒的服务接触时间，从一个世界航空业的亏损大户成为全球领先的航空公司。

3.服务能力：提升整体质量水平

服务能力包括服务人员的问题解决能力和服务补救能力。服务型企业的一线服务人员必须拥有一定的职业能力和工作技巧，并且这些能力和技巧必须是服务标准所要求的；服务型企业的其他人员，尤其是支持前端服务的员工和帮助企业进行有序运营的员工都必须经过企业的培训，进而提升企业服务在创造和传递过程中的整体质量水平。同时，服务型企业应该给予一线服务人员充分的授权，以便服务人员有充分资源应对和解决顾客的特殊需求和临时问题，以提升顾客的感知服务质量水平。例如，凭借对顾客高质量暖心服务火遍全国的海底捞，其服务人员所拥有的免单权，对提升顾客消费体验水平、建立顾客关系具有重要的作用。

4.评价服务质量：促进整顿再提高

服务质量的最终评价者是顾客而不是企业，因此，企业必须从顾客的角度来理解服务质量。如果企业知道顾客是如何判断服务质量的，企业就可以采取措施来影响顾客对服务质量的评价。

首先，强化品质意识，认识服务质量的重要性。服务品质决定着企业的兴衰，是企业生存和发展的根基，企业需要高度重视服务质量，并把这一理念根植于企业日常的经营过程中。因为依靠利益和人情关系维系的业务关系只能是一时的，唯有高质量的服务才能提高顾客的忠诚度，维系企业与顾客的长久关系，企业才能发展和不断壮大。

其次，强化工作责任心，认识本职工作的重要性。保质保量地完成工作对任何一个岗位来说都需要有强烈的责任心，员工是否拥有强烈的责任心取决于员工对本职工作的热爱及理解。只有当员工正确认识本职工作，才会产生使命感，进而以强烈的责任心督促自己认真对待分内的工作。对于一线的作业人员，责任心尤为重要，他们负责企业最前端的服务工作，直接与顾客接触，他们的服务形象、工作态度影响着顾客对企业的认知。因此，强化一线服务人员的工作责任心，并且增强他们对自身岗位的认识，是服务企业完善服务的关键环节。

最后，建立反馈机制，认识及时沟通的重要性。对服务质量进行评价主要包括两类人群：一是顾客，以顾客满意度表现服务质量的评价结果；二是领导，以认可度评价员工的服务质量。员工可以通过工作过程中的沟通来提高服务质量，由此获得领导的认可。但领导认可只是服务的起点，顾客满意才是服务的终点与重点。企业需要重视与顾客的沟通，二者之间的沟通有助于企业及时了解顾客对产品或服务的意见，从而让企业发现服务的不足，针对性地补足服务漏洞，达到服务质量的改善。因此，企业需要建立反馈机制，疏通与顾客之间的沟通渠道，不断改善顾客对企业及其服务的认知，促进顾客重复购买率的提高。

章末案例

OPPO：以顾客体验为先，以创新引领发展

近年来，国产智能手机迅速崛起，在国内外手机市场中占据了主要份额，要想在竞争激烈中脱颖而出，任何一家手机生产商都应具备自身的关键核心技术和独特的服务营销模式。其中，服务的好坏是顾客购买或使用产品时最直接、最容易感受出来的，持续进行服务创新也是现代企业基业长青的关键。OPPO特别注重服务创新和根据顾客需求开发产品，在服务创新的道路上只有起点而没有终点。

1. 企业简介

OPPO成立于2004年，总部位于东莞市，是一家智能手机生产商，

同时专注于软件开发等业务。近年来，OPPO 不断加大研发技术投入，建立新型研究所和研究中心，用丰厚的薪资待遇不断引进研发型人才。目前，OPPO 拥有 40 多万个营销服务网点，公司业务已遍及全球 40 多个国家和地区。作为极受消费者欢迎的手机品牌之一，OPPO 在世界范围内拥有超过 2 亿的顾客。随着物联网等新一代信息技术的逐渐成熟，OPPO 将致力成为智能手机行业的引领者，持续升级顾客服务思维，努力打造让顾客心动的、拥有极致体验的产品，把更多、更优质的内容与服务带给顾客。

2. 聚焦顾客痛点，OPPO 首推"护屏计划"

如果说智能手机能够高速运转、流畅处理的芯片是心脏，那么手机屏幕便是其脸面。手机屏幕是连接手机与顾客的中介，通过顾客对手机屏幕的操作，给手机大脑发送相关指令。手机在日常使用过程中经常会遇到屏幕碎裂的问题，由于更换屏幕的费用高昂，很多顾客会选择继续使用屏幕破碎的手机，这将严重影响顾客的体验感和视觉效果。OPPO 通过积极调研和深入研究，用实际行动解决顾客的这一核心痛点需求，推出了"护屏计划"。

（1）透明化维修模式。

OPPO 推行"维修透明化"服务，在整个维修过程中公开、透明地向顾客展示各个维修环节，并给出维修所需的确切时长。在家不方便或者距维修店面较远时，顾客可以通过邮递方式将手机寄给服务商进行维修，邮费由 OPPO 承担。此外，顾客可以通过手机 APP 或者微信公众号实时查询订单状态及观看手机维修现场，在一定程度上消除了顾客的后顾之忧。

（2）大力度让利顾客。

2020 年 6 月，OPPO 推出了一系列优质的服务活动，最大程度地保障顾客的利益，如 99 元起的屏保、屏幕换新 5 折起等活动。这些服务活动将持续3个月，预计公司推出的这些优惠活动让利将超过千万元。

（3）老顾客+新顾客全面覆盖。

无论是新顾客还是老顾客，OPPO的"护屏计划"是一视同仁的，其最终目的是为每位顾客做好服务。例如，老顾客在固定时间内可免费领取屏保，而新顾客购买屏保享受折扣优惠。对于顾客而言，不管是新买的手机还是已使用多年的手机，都能得到护屏计划的保障。

3. 关注顾客体验，力推贴心服务

OPPO是长期坚持为顾客提供贴心服务的智能手机生产商之一，公司拥有特色的服务文化和员工具有良好的服务意识。大多数企业或商家始终认同顾客就是上帝的服务理念，而OPPO在服务领域的理念更具特色，特点更加鲜明，它始终认为顾客是商家的好朋友，企业的好朋友。商家与顾客之间的关系是平等的，这种关系更能产生贴心、暖心的服务。

（1）服务网点覆盖度更广。

近年来，随着OPPO业务的不断拓展，在全国范围内的服务网点已覆盖了322个城市，从一线发达城市到三、四线的农村城镇，遍布各个角落，不断延伸了服务网点覆盖的边界，使服务网点的覆盖度更广。

（2）建立全方位顾客服务场景。

OPPO建立了多条能与客户沟通交流的渠道，如服务APP、微信公众号、微博等服务窗口，并且增加智能客服端口，提供全天候、全方位的人工客服，让贴心服务永远保持在线状态，能够高效率、快速响应顾客心中疑惑和所关心的问题，不断提升企业的服务创新能力。

（3）针对细分需求进行升级。

对于一些细分顾客的特殊需求，OPPO全面升级服务质量，并提出了一套解决方案。例如，"国际联保"服务可以解决顾客在国外所遇到的手机服务问题；"延时服务"可以解决时间紧或者没有空余时间的消费群体，并保证高质量的服务；通过对不同消费群体进行细分，深入调查各个群体的需求,从而采取不同的服务方案,使得顾客享受到的服务是最优质的。

4. 启示与总结

随着华为、小米、vivo、一加等智能手机品牌商的快速崛起,国内智能手机市场的竞争愈发激烈,营销商之间的竞争已逐步转化为服务质量的竞争,消费者更加注重品牌商的服务创新能力,因为这关系到售前、售中、售后各个环节。OPPO通过"护屏计划"等一系列服务创新,不但推动了行业发展,而且引领着科技服务创新。

(1)产品技术层面:注重细节。

OPPO首次将美颜技术引进智能手机行业,极大地满足了顾客对高颜值、好皮肤的完美追求,OPPO以在拍照领域的绝对优势,深耕于顾客的服务创新需求。此外,手机快充技术大大缩短了顾客的充电等待时间,解决了充电时间问题。这些注重细节的产品技术紧紧抓住了消费者的心。

(2)顾客服务层面:深刻理解顾客需求。

大多数手机厂商以技术型为导向,只注重手机技术层面的问题,而忽略顾客的实际需求。OPPO始终以顾客需求为导向,通过下沉市场调研,第一时间了解顾客需求,把握市场发展动态,将顾客的实际需求完美融入产品开发当中,不断满足顾客需求已成为OPPO始终驱动自身前进的动力。

(3)全面兼顾:做好"顾客和开发者"双向服务。

OPPO手机的应用商城将内容和服务的差异化作为切入点,不断开拓优质的流量市场,满足顾客对软件应用的创意化的需求。对于顾客而言,丰富多彩的新玩法充分调动了顾客的兴趣和参与度。对于开发者而言,通过形式创意为其提供内容分发,树立良好的品牌形象,增强顾客黏性。

(资料来源:作者根据多方资料整理而成)

本章小结

　　服务即营销，满足客户需求的本质不是产品或消费行为本身，而是产品消费和使用过程中被服务的过程。据此，运营的日常工作是完全围绕顾客展开的。首先，为了精准地迎合消费者的"胃口"，服务型企业在进入市场前，也需要对服务市场进行细分，为企业提供服务价值的选择奠定基础。其次，面对市场环境中消费需求逐渐呈现差异化趋势、消费习惯日益个性化发展，企业需要以有效的服务评估来应对服务提升，确保顾客满意，实现服务价值的维护。因此，服务运营的本质就是"以顾客为中心"。故任何服务企业的管理者都希望服务人员能够为顾客提供卓越的服务，从而使企业能够在日常经营中获得持续的竞争力。

第四章

服务创造价值

> 人心都是肉长的,你对人家好,人家也就对你好;只要想办法让员工把公司当成家,员工就会把心放在顾客上。
>
> ——海底捞执行董事 张勇

中国正在一步步地迈向服务经济时代。因此，企业需要一点点地抓住服务经济的价值，这也是下一步传统企业与新型互联网企业要走的道路。而是否能够抓住这个机会，就是许多企业能否成功的关键。

> **开章案例**

联想集团的创与变

20世纪80年代，IT浪潮开始席卷我国大江南北。自中关村建立后，越来越多的信息技术研究所在中国建立起来，我国的信息技术产业也如乘风一般越走越远。在20世纪90年代，"两通两海"在中关村的规模是最大的，紧随其后的就是方正与联想了。在随后的30年间，曾经在中关村十分有名的企业，现在有的已销声匿迹。但是，经过这几十年的沉淀，联想集团成为其中最闪亮的一颗星。在PC制造业中，中国很少有企业可以达到联想集团这样的规模。联想集团所生产的产品，不仅在中国有着响当当的名号，而且在国际上也享有盛誉。

1. 公司简介

联想集团有限公司（以下简称联想集团）是一家业务遍布世界各地的中国科技公司，于1984年由中国科学院计算技术研究所投资建立，当时的名称为"中国科学院计算所新技术发展公司"，1989年正式更名为"北京联想计算机集团公司"。联想集团的英文名称为"Legend"，由于这一名称在海外被广泛注册，联想集团在2002年正式将英文名称更名为"Lenovo"，并在世界范围内注册。联想集团的总部位于中国北京，其全球行政及运营中心建于美国北卡罗来纳州（State of North Carolina）三角研究园。联想集团的主要业务为研发、生产与销售科技产品，如电脑、服务器、手机、平板与一系列与数码有关的产品。联想集团追求消费者信赖，制造安全、简便的技术产品。截至2020年年初，联想集团在全世界拥有超过60000名员工，且业务遍及了180个国家与地区。联想集团2020年的财务报表显示，联想集团的各项销售额已超过 3500 亿元。

2. 多方面布局带来的成功

1984 年年末，倪光南和柳传志与 10 多名技术员正式创立了联想集团，并旨在新 IT 技术领域做出一定的成就。随着联想集团的研究与发展，公司于 1990 年正式发布联想微机，并在 1999 年成为亚太市场著名的 PC 销售商。2013 年，联想公司在全世界的 PC 生产商中位居榜首。但是随着联想集团体量的逐渐变大，联想集团对公司业务进行了深层次的细分与多重整合，经整合之后主要业务细分为四个核心业务集团，如图 4-1 所示。

（1）智能设备业务集团（IDG）。

联想集团的智能设备业务集团是由个人电脑和智能设备业务集团（PCSD）与移动业务集团（MBG）整合成立。个人电脑和智能设备业务集团，不单单是整合联想集团的传统业务，也是联想集团的创新与发展之后的业务延续。个人电脑和智能设备业务集团集笔记本电脑、台式电脑、一体机、平板电脑、增强现实与虚拟现实、智能设备的销售与研发为一体，以客户为中心，为消费者带来更好的技术愿景。联想集团的个人计算机业务在多年来一直超越市场水平，其市场份额占据全球市场的 1/4。其良好的运营帮助联想集团在增长的同时也在细分领域大放异彩。对于移动业务集团来说，公司在多个季度中持续盈利。公司主要通过存货控制、产品组合效率和成本控制三个策略来帮助移动业务的利润增长，如图 4-2 所示。

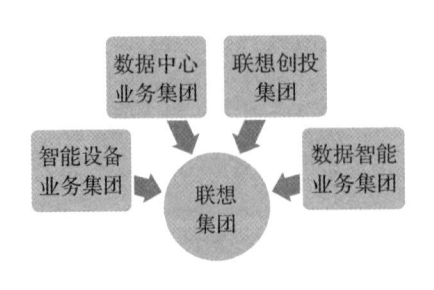

图 4-1　联想集团的四大核心业务集团　　图 4-2　移动业务集团策略

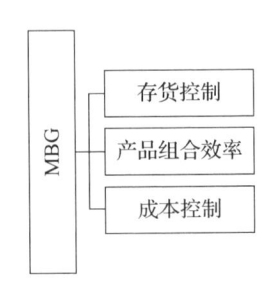

通过这几种策略，集团可以在新的移动业务市场中不断增加利润。

（2）数据中心业务集团（DCG）。

联想旗下的数据中心业务集团也是联想在进行细分与整合之后产生的重要板块之一。公司收购了 IBM x86 架构的服务器与相关配套性服务，帮助联想集团加速整合了这一模块。其主要定位为提供伺服器、存储服务、网络服务及提供互联网软体。凭借 160 个世界纪录，集团产品的性能表现处于全球领先水平。在未来，集团将计划从边缘计算的中心转化成为有全面产品组合的数据中心机构。其提供的基础构架服务也在不停地更新与升级，以便于向客户提供更高的容量与更强大的计算力。

（3）数据智能业务集团（DIBG）。

联想集团于 2019 年将原有大数据团队与业务基础进行整合，正式组建了联想数据智能业务集团。凭借团队在联想集团的技术基础，集团形成了产品、应用、咨询的特殊闭环体系，如图 4-3 所示。

图 4-3 特殊的闭环模式

数据智能业务集团同样有着物联网、大数据、人工智能平台规划、平台运营与开发等服务。现如今集团已经为上百家企业提供全面的服务，帮助客户完善生态系统，进行智能化升级。

（4）联想创投集团（LCIG）。

联想创投集团的前身为"联想乐基金"。早在 10 年前，联想便已进行这一项目，其主要目的为帮助联想发现新的项目和对早期科技项目进行布局。2016 年，联想乐基金正式更改为联想创投集团。新的集团以发现、投资、孵化的方式来帮助联想集团在更多的产业进行布局。联想创投集团作为公司与新型企业之间的纽带，专注于高新技术产业的投资，其关注的行业较多，如图 4-4 所示。

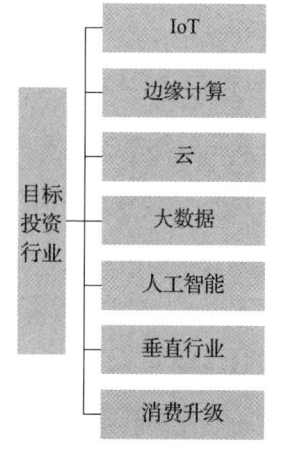

图 4-4 联想创投所关注的行业

在投资当中，联想创投依靠联想集团的技术与背景优势，为投资企业提供资金、人才与技术，帮助被投资企业进行更好的发展。同时，联想创投依靠自己独特的 Corporate VC 与全世界各方的企业达成了深度合作。

联想集团在以上方面的布局逐渐促进了其在各个领域达到惊人的成就。通过这四项主要业务，联想集团建立了自己独特的商业模式。联想以智能设备业务集团进行独特的 PC 研发与销售，以个人计算机业务获得公司的主要利润。通过数据业务进行 2B 业务，将联想的服务器与数据业务提供给客户，在此处联想集团拓展了提供服务的内容。在研发方面，联想创投帮助联想集团进行新领域的扩展。在现如今的体量下，联想通过联想创投对新科技领域进行大规模的投资，成功的投资领域能够反哺联想集团。而这一成功的商业模式，也应该引起许多传统 PC 制造厂商的重视与学习。

3. 智能转型的战略实施

随着联想集团的一步步扩张，公司已经不局限于对当下产品业务的发展。在新一年的业务报告之中，联想集团展现出了其新的愿景——"智能，为每一个可能。"在这个新愿景之中，公司将全力发展三大战略领域（以下简称 3S），如图 4-5 所示。

在 3S 战略中，联想集团的目标是带领这个时代进行智能化的变革与赋能。同时，DIBG、云网融合事业部、商用物联网事业部都是基于 3S 战略所成立的业务部门。此项布局加上联想集团自有的技术支持，帮助联想集团获得了更广阔的产业链，在某种程度上也帮助联想获得了更有效率的业务流程。

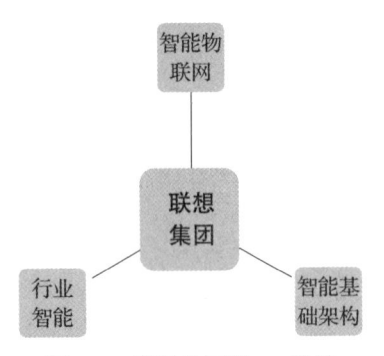

图 4-5 联想集团的 3S 战略

同样，在探索职能转型期间，联想集团同时对多领域进行了智能化改革,涵盖了制造、教育、新零售及中国的城市智能化。联想集团在智能系统运用方面帮助企业与政府增加了效益与效率。在苏州的智能化运营当中,联想集团为苏州提供了技术支持。通过对城市数据的采集使用及人工智能技术的辅助,苏州的交通通行效率得到了大幅度的提高。在未来,联想集团所打造的智能化生态系统将帮助集团获得更加令人瞩目的成绩。

4. 智能手机产业所带来的影响

联想集团进军智能手机产业之后,其财务状况并不好,因此联想集团于2008年将手机业务进行出售,以方便对PC业务的全力支持。但是,好景不长,2009年智能手机业务崛起,手机市场是任何厂商都不愿意放弃的一块"肥肉"。于是,联想集团将移动业务进行了回购。2010年,联想集团的手机部门发布高端旗舰机,试图与苹果公司抢夺市场。虽然手机前期的运营与发售非常成功,但由于信号差、待机时间短、无故死机等缘故,联想集团受到了严重的损失。随后联想集团便开始进行廉价机战术。但是联想没有处理好最基本的品质问题,导致联想的移动手机业务再次出现重大问题。对此,联想集团收购了摩托罗拉移动,试图重占手机业务市场。但是随着苹果、华为、小米等公司占据了大部分业务,联想集团很难在这个环境之下重占市场。同时,联想集团对研发部门的不重视也导致手机业务在市场上认同率低。在手机业务上,联想集团偏向于进行制造加工,而非创造发明。如若想在智能手机行业分一杯羹,便要加大对研究部门的投入。

在联想集团的独特商业模式中,有一点是许多传统PC制造厂商需要重视与学习的,那就是向第三产业发展。2000年,中国的三大产业以第一产业为主,随着整个社会的发展,中国已经慢慢从以第一、第二产业为主的结构向以第三产业为主的结构发展。但相较于发达国家,中国还存在差距。

(资料来源:作者根据多方资料整理而成)

随着社会的发展,我国已经迈向服务经济时代。而对于企业来说,如何进行服务转型成为发展的重中之重。在企业进行服务产品的推介时，各大企业所关心的问题是：如何才能用所推出的服务产品来创造价值。本章我们将着重研究服务创造价值的过程，主要阐述如何进行服务产品的管理与定价、如何设定服务渠道与进行服务促销，以此对服务产品进行赋值。

第一节　服务产品管理

在企业向社会推出服务产品时，其主要目的帮助客户解决自身问题或让客户拥有特殊的体验等。换言之，对于服务产品的推出，企业需要进行多方面的调研，可以让推出的服务产品使客户更加满足，也使市场的需求得到解决。因此，企业对服务产品的管理是不能忽视的。

一、服务产品

1. 服务产品的含义

产品的定义通常有广义与狭义之分。广义的产品是指由人或公司为客户提供一种或多种利益的载体或过程，其中包含了有形的或无形的产品；而狭义的产品则是指有形的产品。但是，消费者在进行购买的时候通常不只是为了获得有形的实体，其同样需要获得产品的核心利益。所以，服务也是产品的一种延伸，也是产品的一种体现形式。所以，在讨论产品时往往也会将服务涵盖在内，而在讨论服务时也不能将产品忽略。

由于服务具有无形性、异质性、生产与消费的同步性、易逝性，服务能与有形产品明显区分开。对于有形产品来说，消费者可以对产品进行具体的识别，产品提供者可以将其想要表达的东西通过有形产品这个载体向市场表达，顾客可以通过肉眼识别对产品进行一系列的认知。而服务具有无形性，具体形式看不见摸不着，消费者在购买服务时，大多是通过一定形式的感知完成对服务的体验。所以，对于消费者而言，服务常常是以一种非常虚无缥缈的形式存在。

2. 服务产品的层次

在研究服务产品的时候，我们可以根据克里斯汀·格罗鲁斯的模型将服务产品进行分层，如图 4-6 所示。

首先是核心服务。核心服务是企业的核心价值。设计核心服务需要以满足客户的主要需求为目的，这也是顾客选择这个服务产品的主要原因。

其次是便利服务。当客户在选择使用企业提供的服务产品时，企业同时提供的一些辅助性服务便是便利服务。便利服务也是服

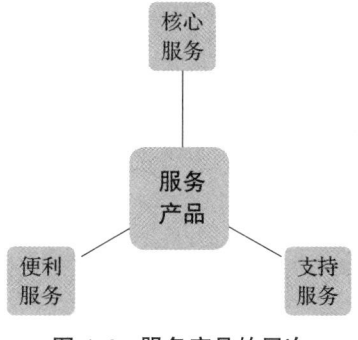

图 4-6 服务产品的层次

务产品中核心服务的一个载体，客户可以通过便利服务更好地接触到核心服务。

最后是支持服务。支持服务在很多时候容易与便利服务混淆。但是，支持服务的最大作用是充当一种核心服务的放大器，客户可以通过支持服务将同领域的服务产品区分开来。

这三种层次相辅相成，将中心的服务产品进行一系列的加工，最后将服务产品提供给客户。

二、服务设计

1. 服务设计的本质

服务设计对于企业来说是一项十分重要的环节。其作为服务价值的基本载体，将企业所需要向大众展示的东西通过这一环节进行展现。服务设计帮

助企业解决客户的一系列问题。顾客希望企业所设计出来的东西可以帮助自身根本问题得到改善。所以，充分关注客户问题、体现市场需求的设计，可以为客户带来更高层面的质量感知，也可以提高服务产品的价值。

同时，服务的设计过程可以适当提高顾客的参与度，使顾客对服务资源、服务设备、服务过程有一定的了解与体会。顾客在参与的过程中，可以提升对企业的认知，并为企业提供一定的建议，这对于之后服务设计的改进有着非同一般的作用。

2. 服务设计的五项支柱

由于服务产品的无形性、异质性等特点，我们对服务产品列出了五项最基本的支柱：范围、质量、水准、品牌、保障。当商家进行服务产品设计时，通常需要根据这五项支柱来进行最根本的保障，如图4-7所示。

（1）范围（Range）。商家在提供服务产品时，首先要考虑的一点就是服务产品的范围。因为服务产品的无形性，很多时候很难对推出的服务产品进行明显的界定。此时，商家需要对服务产品的核心进行深入的思考，如金融服务的核心就是为机构与顾客同时取得利益的服务。在这方面进行服务产品的设计时，就不能脱离这一主要核心范围。一旦企业的服务产品脱离了这一范围，企业也就失去了存在的意义。

图4-7 服务设计的五项支柱

（2）质量（Quality）。商家在提供服务产品时，质量问题是商家必须考虑的。消费者是无法触摸服务的，但是可以对其进行感知。商家需要从不同的方向对服务产品进行质量提升，让消费者进行高质量的感知。将服务的无形转为感知上的有形。

（3）水准（Standard）。高水准是让服务产品在同质化的领域中出彩的方法之一。除了一些技术垄断领域与高新技术领域，服务产品之间的相似程度越来越高，企业在这种环境下必须提供越来越高水准的产品，如酒店服务行业，酒店需要提供更好的住宿服务、更好的环境、更高的服务标准，这样才可以在同样的服务产品之中让客户获得更好的体验。

（4）品牌（Brand）。世界知名的市场营销学家菲利普·科特勒（Philip Kotler）曾经这样定义：品牌是一个名字、称谓、符号或者设计，或者是上面几点的集合，设立品牌的目的是让自己的服务产品有别于其他的厂商。设立一个独立的品牌，拥有自己独特的品牌价值与品牌文化是每一个厂商不可或缺的一部分。在提供服务产品时，如果客户可以精准地从品牌所在领域联想到这个品牌，那这个品牌就是极其成功的了。

（5）保障（Guarantee）。保障是服务产品售卖过程的最后一环，但同时保障也从开始就影响了服务产品的售卖。一方面，保障就是这项服务产品的售后保障，消费者在进行消费之后可以得到完美的售后服务。另一方面，保障也表现出了消费者对这项服务产品的信赖。如果品牌不能对消费者购买的服务产品提供保障，那么消费者可能从一开始就不会选择这项服务产品。所以，企业应对提供的服务产品进行从头到尾"一条龙"式的服务保障。

综上所述，上述五项支柱紧紧环绕服务产品，任何服务产品的设计与推出都无法脱离这五项基本支柱。这五项支柱相辅相成，并具有紧密的联系，只有将这五项支柱融为一体，并同时发展，企业才可以设计出一项优秀的服务产品。

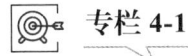

专栏 4-1

阿里钉钉的设计之路

2020年突如其来的"黑天鹅"让许多线下的商家一下子进入了寒冬，但是线上服务却获得了意想不到的发展。众多公司与学校将线下办公学习转为线上，数字化办公现象暴增。而阿里巴巴的钉钉因为被学生疯狂"差评"，一夜之间成为热搜头条，以一种十分奇妙的方式引起了大众的注意。这一系列的差评不但没有对钉钉造成不良影响，反而引爆了钉钉的下载量。随着官方的报道，钉钉的用户在2020年4月已经达到3亿人，超过千万家企业开始进行新型数字化办公。

1. 公司简介

钉钉（DingTalk）是阿里巴巴集团推出的即时通信应用软件，提供了多种语言，并且可以在不同平台上使用。2014年，阿里巴巴集团正式开始钉钉这一项目，项目的开发在杭州进行。截至2020年，钉钉已经成为中国最大的专业通信和管理类移动应用程序之一。钉钉的出现帮助企业与个人用户提供了更好的沟通方式与更高效的工作效率。

2. 钉钉的设计

对于钉钉突如其来的成功，很多人认为是新冠肺炎疫情的影响，但是在国内同样还有腾讯会议、企业微信等一系列数字化办公软件，为什么市场上最成功的却是钉钉呢？其实，当我们从服务设计的五项支柱进行分析之后，便会发现钉钉的成功其实并不是偶然的。

在范围方面，钉钉有着良好的定位。钉钉的目标就是企业级应用，对广大企业与学校提供服务。其核心就是给企业提供更便捷的工作方式。工作停滞的风险对于许多中小型企业来说是致命的；而对于大型企业来说，工作停滞所带来的损失也是不可估量的。所以，钉钉可以有效地帮助公司进行一系列的风险规避。而对于学校来说，钉钉在网课需求爆发之时就迅速推出了一系列配套功能，帮助学校与学生有效地解决了无法线下上课的问题，同时也为新型网络学习服务提供了一个新的平台。

在质量方面，为了应对流量的突然剧增，钉钉通过阿里巴巴为公司的服务器进行了紧急扩容。为了使客户的使用不受影响，钉钉连续对服务器进行了优化与扩容,并及时对一系列的漏洞进行补丁处理。

在水准方面,钉钉是阿里巴巴的应用,阿里巴巴可以为其提供技术支持,阿里巴巴团队可以帮助钉钉实现技术上的帮助与设计上的优化。因此,钉钉能做到同行业中更高的水准。

同时,钉钉帮助不同的企业打造了专属的数字化应用。其为客户进行专属设计、专属储存、专属安全与专属 APP。钉钉会根据不同公司的工作特性,对软件进行一系列的优化,也可以对应用启动专属加密。因此,钉钉帮助企业建造了真正属于自己的平台。

在保障方面,背靠阿里巴巴,公司有着极好的信誉背书。极大地降低了客户对风险的顾虑。

综上所述,钉钉的爆红并不是一蹴而就的,而是来自各方面的积累,与钉钉团队严密的设计密不可分。当我们看到这其中的本质之后,就会发现这一环扣一环的服务设计是多么的重要了。

(资料来源:作者根据多方资料整理而成)

三、服务品牌

1. 服务品牌的含义与价值

服务品牌是服务产品价值的重要部分之一。服务品牌是顾客对服务型企业所提供服务的有形感知和服务体验的综合,是企业对顾客提供服务价值创造和交付的承诺和约定。从客户的角度,单从服务产品来看,客户很难从服务当中定义到一定的价值。但是,服务品牌将企业的价值标签化、可视化与信息化,客户可以从服务品牌中得知一系列有用的信息。企业可以通过名称、Logo、Slogan 将企业中无形化的元素进行有形化的展示。同时,企业可以借助品牌的影响力给予客户保障,以此形成品牌溢价,从而为企业带来更高的价值。因此,对于企业来说,品牌的建立与推广是生存与发展所必不可少的一个环节。

2. 服务品牌的塑造与定位

在塑造服务品牌时，企业需要先确认品牌的名称，这也是一个企业建立的开始。当企业想要将无形化的服务产品进行展示时，品牌名称可以率先将服务进行言语化表达。企业想要将服务进行推销，首先需要让品牌在顾客心中留下很深的印象，从而使客户产生进一步了解这个品牌的欲望。例如，当人们听到网约车品牌"滴滴"的时候，便可以将其与其所提供的服务进行联系。

企业对品牌进行命名时，需要同时考虑多方面的因素，具体事项如表 4-1 所示。

表 4-1 服务品牌命名事项

因素	内　容
法律保护	企业在进行品牌命名时需注意是否可以成功注册。经法律保护的品牌名称可以对企业进行一定的保护。如果品牌名称有侵权行为，企业会遭受一系列不必要的损失
简单易记	品牌名称不应该过于复杂，这样可以使客户进行更容易的识别与记忆
新颖独特	品牌名称在保证简单易记的同时，也要让客户有耳目一新的感觉。这种方式可以更好地让客户深入了解品牌
服务展示	企业在进行名称的设计时，需要将服务产品进行展示。这种方式可以将无形化的服务产品进行有形化的展示
文化契合	企业在为品牌命名时，需要保证名称契合当地文化。对于不同的地区、民族、国家，同一名称所代表的东西可能并不相同，企业在设计名称时需要避免不必要的误会

同时，当企业对服务品牌的名称进行考虑时，还有一点是一定不会避开的，那就是服务品牌的定位。在对服务品牌进行精准定位后，企业可以在同一细分领域与其他服务产品进行进一步的区分，这也是企业对品牌进行塑造的基础。

企业进行品牌定位时，通常可以从顾客洞察、企业分析、品类决策和竞争者分析四个方面着手，如图 4-8 所示。

在顾客洞察方面，企业需要对客户的需求进行精准分析，不仅从表层，更要在深层方面进行洞察。这可以帮助企业发现新的市场，并且为服务产品的创造提供有利条件。在企业分析方面，企业需要对市场以及品牌的现状进行分析。企业对自我进行评估时需要结合市场的评价，看是否支持预期的定位。在品类决策方面，企业需要明确服务产品的定位。

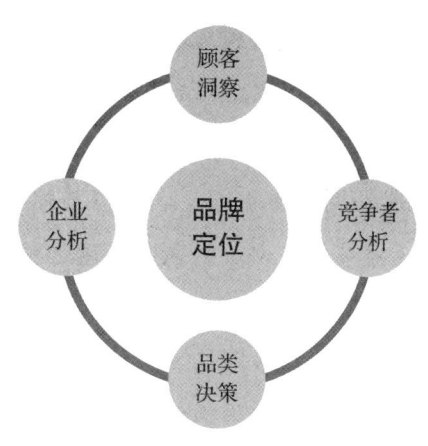

图 4-8　服务品牌的定位

在市场上已经存在的领域中创造新品牌，远远不如开创一个新的服务产品分类。开创一个新的服务产品分类可以创造一个新的产品类别，使企业率先进入同类市场。在竞争者分析方面，要求企业在进场之前进行横向与纵向分析。通过这种方式确定自己的服务产品与同类产品的差异性与竞争性。在明确这类信息之后，可以帮助企业进行更好地塑造与定位。

3. 服务品牌的传播

在这个竞争激烈的年代，流量可能是每家企业都十分注重的一点。企业想要在竞争中获得优势，或想要在新领域进行拓展时，需要对品牌进行一定的传播，这样才能在市场中获得优势地位。在进行服务品牌传播时，企业需要与目标群体进行多方面的沟通，通过一定手段使品牌的形象得到提升，并且加强消费者的印象。

在企业对服务品牌进行传播时，需要进行以下流程：一是确定目标受众；二是确定品牌传播目标；三是对传播方式进行一定设计；四是明确传播所需预算；五是审查品牌传播带来的反馈。

以上的五点，每一点都有独特的用意。企业在进行品牌传播时，需有的放矢，知道自己品牌传播的用意与目标，并让市场更容易地去接收传播的信息。同样，在预算方面，企业要尽量减少在品牌传播中不必要的开支。在进行传播之后，企业需要审查自身在一系列传播过程中获得了什么，并在审核后对品牌传播进行一系列的优化。

专栏 4-2

奇安信——中国网络的长城

随着社会的高速发展，互联网已经遍布人民生活的方方面面。全球计算机网络为我们提供了各种便利，越来越多的人可以使用互联网进行通信和信息交换。对于网络用户来说，安全可靠地使用互联网并不被泄漏私人信息显得十分重要。

1. 公司简介

奇安信科技集团股份有限公司（以下简称奇安信集团）是中国国内目前最大的网络安全公司之一。奇安信集团成立于2014年，主要提供网络空间安全方面的产品。奇安信集团不仅为各大企业提供安全服务保障，同样在政府、金融等领域提供网络安全技术的产品与服务。公司不断进行技术探索与研究，并持续将技术运用到实务中，因此逐渐成长为中国网络安全供应领域的先锋。目前，奇安信集团已经与中国超九成的政府部门、中央企业和银行进行合作与服务，在其他国家也开展了业务。

奇安信集团原先为三六零集团的控股子公司，也是三六零集团的安全业务主体部门。三六零从美股退市后便进行业务分拆，将传统安全业务与新兴业务进行拆分。分拆之后，奇安信成为独立运营的三六零企业安全集团。2019年4月，"三六零企业安全集团"正式更名为"奇安信科技集团"。2019年，奇安信集团在胡润全球独角兽排行榜中居第84位。

2. 以核心技术带动全面发展

奇安信集团的前身为三六零集团的安全业务主体部门，在成立之时便拥有很强的安全技术背景。在分拆之后，奇安信集团将三六零企业安全集团与自身融为一体。同时，奇安信集团完美地继承了集团的资产、业务、核心技术工作人员、技术及其他的义务与权力。同时，奇安信集团在成立之时为满足客户对安全领域的需求，定下了在全领域进行产品布局的方针，并且自始至终对这一点进行落实，成为奇安信集团的基石，也是最核心的竞争优势。经过多次商讨，奇安信集团为覆盖网络安全领域进行了更详细的细分，如图4-9所示。

首先，基础架构安全产品。在基础构架安全产品方面，奇安信集团在软件与硬件方面同时进行了开发。在硬件方面，奇安信集团设计了代码卫士与零信

图 4-9 奇安信的细分领域

任身份安全。在硬件上，围绕使用者身份、行为与应用构建了根本性的防御，代码卫士能够检查软件开发与测试过程中源代码的安全缺陷。同时，通过软件进行日志的收集、系统的分析与审计安全方面的应用开发，以软硬齐进的方式保护客户的基础构架安全。

其次，新一代IT基础设施防护产品。在这类产品中，奇安信集团主要提供对新型网络技术的保护业务，以泛终端业务、新边界业务、大数据业务等为主。在此类防护产品中，奇安信对日常安全、终端、服务器、自动化响应、移动端口、主机、数据交互、私有/公有云之间的防护等起到了不容小觑的作用。同时，提供软件、硬件、软硬一体等形式，灵活地帮助企业进行防护。

最后，大数据智能安全检测与管控产品。对于此类产品，奇安信集团利用自己独特的技术对数据进行自我检测与快速响应。通过SaaS、软

硬一体或纯软件的形式为客户提供对威胁的灵敏检测、态度感知与安全管理。同时，奇安信集团利用大数据与 AI 技术为客户提供了充分的保障。

3. 与国字号合作，成为中国网络的长城

2017 年，臭名昭著的"永恒之蓝"病毒席卷我国，此病毒对各大企业与政府机构造成了不可估量的影响。对此，奇安信集团 2000 多名技术人员为超过 3700 家机构提供了全力的支援。在此次事件中，奇安信集团帮助政府挽回了许多损失，让此事件并未造成极其恶劣的社会影响，也为奇安信集团与国家的合作奠定了良好的基础。同年 11 月，奇安信集团与国网电科院正式签署了合作协议，为中国电力行业信息安全做出了保障。2018 年年初，奇安信集团与国家国防科技工业局信息中心也达成了协议，其将在技术领域与人才培养领域为国家提供一系列的帮助。2018 年下半年，奇安信集团在中国与多个城市达成战略合作，为政府在网络安全的维护、运营等多个方面提供帮助。2019 年中期，中国电子正式与奇安信集团达成战略合作，其以接近 38 亿元入股奇安信集团，持有超 20% 的股份。此举不仅是国家对奇安信集团的认可，也表明奇安信集团的肩上担着一份十分重要的责任。

（资料来源：作者根据多方资料整理而成）

第二节　服务定价

服务价格对于企业来说是重中之重，决定着企业的成败。服务产品的定价是由多方面的因素决定的，是企业收入水平的关键。但是，对于服务产业来说，其定价过程与传统产业存在一定的差异。因为服务产品的无形性，其相比于有形产品的定价具有特殊性。企业在追求利益最大化的时候，需要通过对市场的分析与有效策略对服务产品进行定价。下面，我们将通过服务感知价值、新兴服务定价、服务定价注意事项对服务定价进行分析。

一、服务感知价值

感知价值是顾客对服务产品的服务价值所产生的一种主观判断，其表现出顾客对服务产品的最基本认知；也是顾客权衡所感知到的服务产品价值与所付出的价值之后，给予服务产品的评价。企业可以使用各种服务营销策略与手段来影响顾客对服务价值的基本认知，形成对本企业有利的价值观念。再通过服务产品在顾客心中的感知价值来对服务产品进行一系列的定价。著名市场营销学教授瓦拉里·泽塔姆（Valarie Zeithaml）将感知价值定义为以下四个方面。

第一，一些受调查者将价值等同于低价。表明他们必须放弃感知价值中最突出的部分。

第二，有受调查者认为，价值是从服务产品中所得到的他们想要的东西。

第三，有受调查者将感知价值定义为付出的"价格"和得到的"质量"之间的权衡。

第四，另一些受访者认为感知价值就是所有和"付出"与"所得"有关的一切。

除此之外，顾客对服务过程的感知方式不同于顾客与企业互动的感知方式。根据新型服务行业的特征，顾客一般会在服务概念、服务的可获得性、顾客与企业的互动性、顾客参与四个方面对服务过程进行感知。服务概念指服务客户究竟意味着什么，服务概念基于客户的利益，并影响客户的服务期望。服务的可获得性主要取决于服务人员的数量和技术水平、营业时间的长度和期限、服务地点、服务设计及参与服务过程的客户数量和

级别。顾客与企业的互动性指的是顾客在接受服务体验中与企业、有形资源的互动关系，以及顾客与其他顾客之间的交互。顾客参与则表明顾客接受的服务与对服务的感知有着自我影响作用。在大多数服务情况下，客户是服务和价值的共同创造者。

通过服务感知价值定义的四个方面，企业可以对服务感知价值进行图 4-10 所示六种操作。

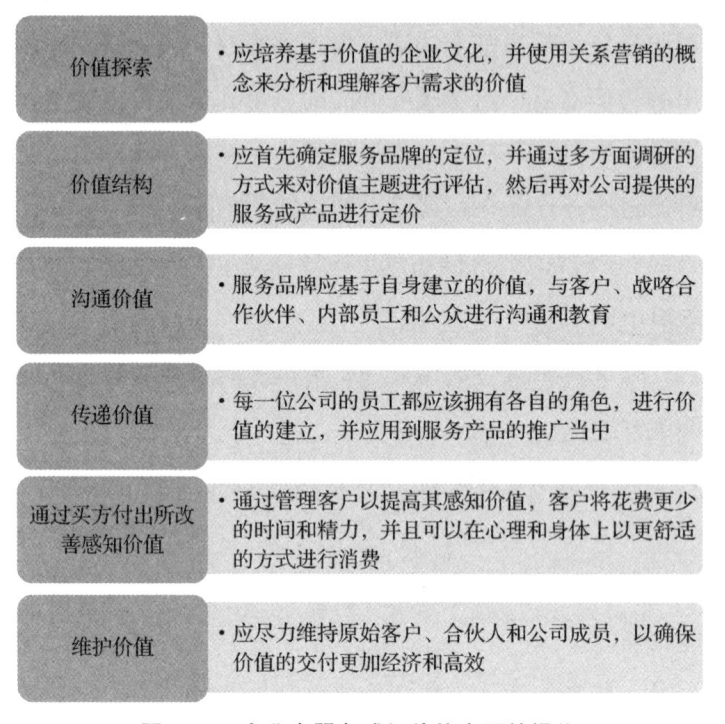

价值探索	应培养基于价值的企业文化，并使用关系营销的概念来分析和理解客户需求的价值
价值结构	应首先确定服务品牌的定位，并通过多方面调研的方式来对价值主题进行评估，然后再对公司提供的服务或产品进行定价
沟通价值	服务品牌应基于自身建立的价值，与客户、战略合作伙伴、内部员工和公众进行沟通和教育
传递价值	每一位公司的员工都应该拥有各自的角色，进行价值的建立，并应用到服务产品的推广当中
通过买方付出所改善感知价值	通过管理客户以提高其感知价值，客户将花费更少的时间和精力，并且可以在心理和身体上以更舒适的方式进行消费
维护价值	应尽力维持原始客户、合伙人和公司成员，以确保价值的交付更加经济和高效

图 4-10　企业在服务感知价值方面的操作

同时，企业需要注意服务感知的质量。当客户所感知的服务产品的服务质量与心中的预期所不一致时，会导致服务产品出现一系列的问题。而产生这一原因的问题可能在于以下几个方面。

首先，顾客在接受服务产品时所进行的感知与企业所进行服务产品的宣传不一致，或者企业在进行服务产品的销售时产生了部分的失误。

其次，企业所产生的负面口碑对其生产的服务产品造成了一系列的影响。

再次，消费者在进行服务产品的使用之后并未得到所需要的结果，即服务产品并未按照企业标准进行设计与传递。

最后，企业需要培养基于感知价值的核心竞争力。换言之，企业需要对客户的期望价值与市场环境进行一定的分析。企业在整合自身资源时需要注意，企业提供的服务产品应能为客户提供其所期望的价值。企业需要对客户的期望进行精准定位，并且锁定客户的期望价值与客户所重视的价值领域。所以，企业培养基于感知价值的核心竞争力也就是审视、分析、发现和创新的管理过程。

二、新兴服务定价

1. 服务定价的特殊性

对于企业来说，服务的定价传递了该服务价值的信息。而客户在挑选服务时，会对服务的价值、效用、过程进行一系列的评判。但是，由于服务所具有的一些特殊的性质，客户对服务价值的感知具有一定的周期性，需要在一段时间后才能对整项服务产品进行较为全面的评价。所以，服务产品的定价与有形产品的定价不同。服务产品定价需要考虑以下几个方面。

首先，价格术语。由于服务产品的无形性，企业在对服务产品定价时需要设置价格术语。例如，在一些服务行业中，直接将其称为服务费；在金融服务行业中，通常称为佣金、手续费等。

其次，定价目标。企业在对服务产品进行定价时，需要制订一个明确的目标。例如，追求短期利润最大化和追求中长期利润最大化的企业，这两者的定价方式是完全不同的。由于服务产品的特殊性，我们很难像制造业一样根据经济学原理来计算出收支平衡点（Break-even Point）。所以，在定价时需要指定一个定价目标。在此基础上，企业需要对市场份额、顾客满意度及社会效益等方面进行考虑。

2. 新兴服务定价的方法与策略

在定价的战术策略方面，服务产品需要考虑多方面的因素。服务产品并不能像有形产品一样长时间维持同一个价格，其价格设置可能会随一些因素的变化而呈现波动性。同样，因为服务产品的差异性，在定价时可能也会产生一系列的价格竞争。一般来说，服务产品的价格会受服务的稀缺性影响，越为稀缺的服务就越容易形成卖方市场。企业需要根据服务产品的价格影响因素来设置战术策略。一般来说，企业通常会运用以下方法进行服务产品定价。

首先，成本导向定价法。在这个方法中，最基本的公式如下。

价格＝固定成本（Fixed Cost）+间接成本（Variable Cost）+利润（Profit）

在运用成本导向定价法时，企业同样可以将其分为成本加成定价法、边际成本定价法、盈亏平衡定价法与投资回报率定价法。

其次，顾客导向定价法。在服务定价中，根据服务市场需求状况和顾客对服务的感知来确定价格的方法，称为顾客导向定价法。这种方法不将成本因素作为最直接的定价原因，服务产品的价格以市场为导向进行变化。在这种定价法下，企业同样需要对感知价值定价与需求差异定价进行一系列的了解。

由于上文已经着重提到感知价值，所以此处对需求差异进行补充：如名称一般需求差异定价法是以客户的需求作为最根本的定价基础。运用此方法时，企业通常需要对服务产品进行两种或两种以上的定价。这种方法最大的好处就是可以使企业的定价与市场完美契合，有利于企业得到最好的经济效益。根据服务产品的不同形式，企业会根据客户、地点、时间、条件基础来进行差别定价。在客户层面，如针对新老顾客、短期长期顾客设置不同价格。在地点层面，企业会根据位置进行定价，如航班中的头等舱与经济舱。在时间层面，企业会根据高峰期或低谷期来设置不同的价格。在条件基础层面，企业会根据交易量的大小与支付频率来进行一系列的定价。

3. 服务收益的管理

服务收益管理又称为产出管理，特指利用不同时间段的价格差异和折扣分配实现收益最大化的管理模式。收益管理是一种通过理解、预期和影响顾客行为，在所拥有的资源是定值且不可进行延期留存的模式下，将收益进行最大化的一种方式。用一种通俗的方式来说，就是将正确的服务在正确的时间以正确的价格出售给正确的人。例如，在航空业中，针对不同时间与不同舱位的飞机票，所出售的价格是完全不同的。这个过程可能产生价格歧视，即公司使用不同价格出售同一种服务产品，其本质就是根据顾客的弹性需求提供不同的价格标准。

三、服务定价注意事项

通过以上的定价方法与策略，企业可以对大部分的服务产品进行定价。但是，在对服务产品进行定价时，企业需要对以下几点进行定位分析。

（1）市场份额。在进行定价时，需要注意企业所占的市场份额，并从消费者与竞争者的角度进行观察。企业需要知道服务产品在消费者眼里的价值，在定价时不能只根据服务产品的成本进行定价。

（2）所处阶段。服务产品的价格与企业所在产业和企业发展的生命周期也有着密不可分的关联。当企业希望进入一个新的领域时，其在定价策略上有不同的方法。企业可以使用低价战略来快速渗透市场，以达到高占有率，或者通过撇脂策略在短期内获得高额利润。但是，企业在进行定价时也需要对市场进行精密的判断。

（3）战略角色。在对服务产品定价时一定不能偏离企业整体的战略目标。例如，若企业的战略目标是通过低价吸引顾客并借此占据市场份额，其服务产品的定价一定不能偏离这个目标。这个举动可能会破坏市场对企业的判断。

对于企业来说，在大多数情况下，主要定价决策取决于最后服务产品在市场上的价格，但是企业需要借助多方面来保证定价策略的有效实施。完成了以上三点的分析之后，企业仍需考虑服务产品是否具有必须收回的成本。换言之，企业是否有必须完成的特殊目标？同时，顾客对各种价格的敏感度如何？如何在设置基本价格的基础上设置折扣？同时，是否存在广为客户接受的心里价格设置？在除去必要成本外，企业定价的基础是什么？需要明确以下但又不限于以下几个问题：企业所需完成的特殊任务与使命、时间单位、企业进行佣金收取的比例、消耗的有形资源、覆盖的地理范围。此外，企业仍需对服务产品的收费对象、服务产品的收费形式进行设计，以保证服务产品的对象与推出形式可以精准定位。

在进行定位分析后，企业也需要考虑使用哪种媒介与市场和客户进行沟通，并需要考虑以什么样的形式将信息进行传达。同时，企业也可以使用以下常用的定价技巧对服务产品进行定价。

差别定价法：通过对市场细分进行差别定价。

个别定价法：将指定的价格设置为买方决策等能力范围内的价位。

折扣定价法：通过一定的折扣进行促销。

偏向定价法：当服务最初的基本价格较低，或服务的一部分形成低价格结构的图像时，就会出现价格偏差。

保证定价法：在完成承诺之后才需进行付款的方法。这种方法可以帮助企业得到购买者的信任。

高价位维持定价法：这种技巧适合于已经建造出良好品牌形象的企

业，或是已经建立出一定细分市场的企业。

牺牲定价法：这种方式是指在开始时使用低价来吸引顾客，但是在之后的价格可能会偏高。或是之后消费者在提供大量订单的情况下可以使用这种技巧。

阶段定价法：这种方式下，服务产品的收取价格可能会比较低，但是需要在服务产品的额外增值服务中收取一定费用。

系列价格定价法：价格本身保持不变，但是服务质量、数量和服务水平完全反映了成本变化的技巧。

专栏 4-3

拼多多——超低定价使所有人受益

在中国电商行业中，淘宝与京东已经占据了大部分的市场。这两家电商平台已经基本掌握了整个中国的互联网流量。换言之，绝大多数网民都会选择这两家平台进行网购。但是近些年，这一局势突然出现了一个巨大的变化，一个电商独角兽火遍大街小巷。这家公司用不到 3 年的时间就达到了超过 1000 亿元的成交总额，而其他两家电商巨头却需要 7 年以上的时间才能完成。它就是拼多多。

1. 公司简介

拼多多是由上海寻梦信息技术有限公司于 2015 年年末创办的，为移动互联网的主流电子商务服务产品，主要以 APP 客户端为主要运营方式。拼多多通过人与人之间的社交来组建出了新型社交电商的运营模式，使用者可以通过拼多多的分享链接实现与家人或者朋友的拼团，以比市场价更低的价格进行商品的购买。同时，基于用户的购买与搜索记录，平台借助人工智能与大数据来向客户精准投放商品。平台旨在利用技术来满足用户不断变化的需求，保证更多人获得更好的生活。根据拼多多的用户数量排名与订单数量排名，已经成为中国第二大在线交易市场，并且也是世界上最大的互联网公司之一。

2. 独特方式杀出重围

在拼多多成功之前，没有人能料到一个新的电商平台能冲出淘宝与京东的笼罩。但是，拼多多最终还是做到了。在对拼多多进行分析之后，拼多多成功的关键在于以下三点，如图4-11所示。

首先，拼多多的成功可能有一部分受益于拼多多所建立的新型运营模式：社交电商运营模式。拼多多将娱乐与分享的理念融入服务产品的运营之中。在广告投入方面，拼多多并没有做到最主要的推广，反而是在价格或团购等模式的帮助下，拼多多的用户为拼多多拉取了大量的流量。在用户进行推广之后，其可以用低价进行团购，以低于市场价的价格来获取商品。其次，拼多多的成功也取决于其技术的发展，直到2020年才开始扭亏为盈。但即使是在未盈利时，拼多多也从未在技术研发投入方面有一点马虎。2020年第三季度，拼多多在技术研发部门进行了接近20亿元的投资。拼多多所运用的大数据＋人工智能模式，不仅保证了拼多多以社交互动促进推荐的模式，也帮助拼多多发现了不同客户之间的差异。拼多多并不是进行同类化的推广，而是根据每一个用户进行个性化推荐。这种方式可以帮助客户拥有更好的用户体验，也将客户的需求进行差异化体现，进而进行更为精准的推广。最后，拼多多最成功的一点就是定价模式让所有人都受益。在淘宝与京东等电商平台已经坐稳市场的情况下，拼多多的价格设置变得尤为重要，这促进了用户选择拼多多。

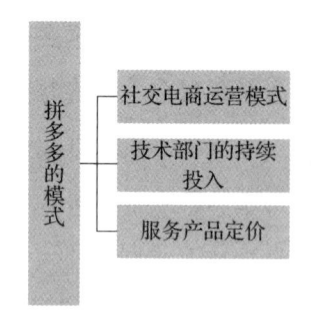

图4-11 拼多多的模式

3. 农业新基建

通过拼多多的主体商业模式，其已经在电商行业杀出一条属于自己的道路。但是随着市场的逐渐稳定，外界最为关心的事情之一便是：拼多多如何进行下一步的发展。2020年中期，拼多多表示在未来5年内将投入不低于500亿元在农业农村方面。这也不是拼多多第一次展现出对农业布局的想法了。截至2020年9月，拼多多已经成功举办了两次"农货节"，在几年内达成了超过2000亿元以上的成交额。拼多多旨在利用对消费者的偏好和需求汇总为中国农民商人创造大量订单，从而促成农民与消费者之间的直接销售，减少不必要的中间商，这可以提高供应链的整体效率，让用户享受更低的价格与更新鲜的产品，而农商则可以通过平台获得更多的收入。同时，拼多多也发展农业智能化，利用大数据与AI进行人工智能精准化种植。作为中国最大的农产品平台，拼多多这一做法也不足为奇。但是，农业智能化并不能单单只从商业方面考虑，拼多多也对其背后的社会意义进行了考查。在服务经济发展越来越快的今天，一定要有人帮助农户进行一定的发展。拼多多便做到了。拼多多是一家起家于农业，立命于农业的平台。其将持续加大在农业领域的资金和技术投入，让农户有利益、有钱赚，用科技给农业生产者带来真金白银的提升。

（资料来源：作者根据多方资料整理而成）

第三节　服务渠道

当企业要提供服务产品时，需要对所提供服务产品的位置与渠道进行一系列的决策。其不仅仅需要思考如何将服务提供给客户，也需要思考此项服务该在什么地方或以什么方式进行。在服务营销中，企业可以通过一定的策略与合理的市场分析，使客户可以获得更好的服务，并取得一定的市场优势。

一、服务渠道基本问题

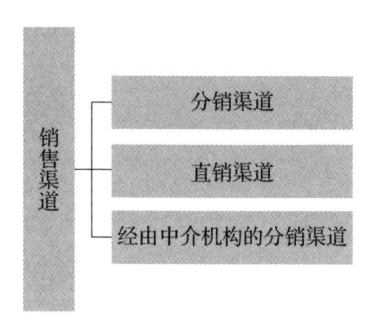

1. 服务产品的销售渠道

服务产品的销售渠道通常包括以下三类，如图 4-12 所示。

首先，分销渠道。分销渠道是商品或服务经过的业务链或中接连，直到其到达最终购买者或最终消费者为止。分销渠道包括批发商、零售商、分销商，甚至包括互联网。分销渠道是所有商品和服务都必须经过以到达目标消费者的路径。相反，它也描述了从最终消费者到原始卖方的付款途径。分销渠道可以很短，也可以很长，这取决于交付产品或服务所需的中介机构数量。

图 4-12　服务产品的销售渠道

其次，直销渠道。通过直销，企业避免了供应链中的中介，而直接向客户出售产品。在传统零售环境中，产品是在网上或在实体商店出售的，但是直销在很大程度上取决于推销员在非传统环境中站在客户面前推销的效果。企业通过这种方式可以获得一些特殊的营销优势。

最后，经由中介机构的分销渠道。服务业最常见的渠道就是中介机构。对于不同的服务产品，中介机构的结构则不尽相同。例如，货币产品的销售渠道就是有中介机构的分销渠道。银行向客户提供储蓄卡与信用卡等产品，其为货币产品这一无形化服务的有形化体现，但是其并不是服务的本身。中介机构的形式有很多，并且在一项服务产品之中可能会设计两种或多种中介机构。例如，某人打算进行房屋租赁，可能会涉及银行、房产代理、公证人、建筑商、装修商等。

2. 服务渠道的拓展与创新

近年来，随着服务产品的种类与呈现方式越来越多，服务渠道也随着市场的发展得到了一定的拓展与创新。在服务渠道发展史中，大多部分的产品多以独立渠道与结合渠道的方法进行发展。

首先，服务业经济在租赁服务业中得到了显著增长。越来越多的个人与公司开始从拥有产品转向了租赁产品，而一些企业的采购也从制造业部门转到了服务业部门。此外，许多新型服务产品也转入了租赁市场的服务供应。银行与融资公司在这之间充当了极为重要的中介角色。

其次，特许经营也成为一种持续增长的方式。通常来说，特许经营是某人或公司将其拥有的一些技术或者服务的许可给到了受许人，并使其拥有对其进行使用、销售的权限。这一方式可以帮助特许人与受许人同时带来利益。对特许人来说，这种方式可以帮助其摆脱资金与人力资源方面的限制，并且也是控制定价、促销、分销渠道和使服务产品内容一致化的重要手段。而对于受许人来说，其可以获得集权式管理的各种好处。

同时，综合服务与准零售化也成为服务业增长的另外几个渠道。随着时间的推移，服务渠道的拓展与创新将会越来越多，服务业的发展也会随着逐步提升。

二、服务交付角色

美国著名管理学家、定位理论与营销战理论的奠基人杰克·特劳特（Jack Trout）对定位的本质进行了提炼：

首先，公司必须在目标客户的心中树立地位。这一点符合客户心中的从众心理。在竞争越激烈的服务产品中，一个好的品牌会越容易吸引到客户。

其次，定位需要为公司提供一个简单而一致的信息。这种方式可以减少市场上极为复杂的干扰，将其化繁为简。

再次，定位必须使公司与竞争对手区分开来。企业所提供的服务产品必须具有一定的辨识度，或者在服务产品中具有一个特殊的，可以将服务产品与同类竞品区分开来的点，这样才能在市场中做到出彩。

最后，公司不可能做到在所有领域对所有客户都好，其需要有一个专注的点。在客户心中的强大定位并非在服务产品的光度之上，而主要偏向的是这个企业在所关注领域所完成的特殊成就之中。

从这几点中我们可以看出，企业需要根据市场与公司自己的情况来建立与发展差异化的竞争优势，从而使公司的服务产品可以在客户内心建立出一个独特的形象。而企业在对服务角色进行定位之前，首要的是进行服务的定位。通过顾客洞察、企业分析、竞争者分析、品牌决策四个方面先将品牌进行定位，找准自己提供的差异化服务，并将其区别于其他竞品。再通过一系列的定位之后，企业需要对消费者与潜在消费者进行画像，然后将目标客户进行定位。例如，如果企业将目标市场定为低价产品，在企业进行了用户画像定位之后，企业可以将广告着重于向低收入人群进行投放，这种方式可以帮企业节省一部分的运营成本。企业在确定过消费者群体之后，可以选择适合企业所提供的服务产品的销售渠道，将产品交付到消费者的手中。

专栏 4-4

寒武纪——中国 AI 芯片的先驱

随着高新科技时代的到来，许多只能在电影中看到的情景开始出现在日常生活中。在这个时代，人工智能也不仅是电影之中的概念，人工智能逐渐变为新的一片蓝海。在人工智能中，所有的指令与分析都与 AI 芯片密不可分。当提起芯片的时候，人们更多想到的可能是一些传统的芯片公司，如英特尔、高通、海思等，但是在 AI 芯片与传统的芯片公司有所不同。AI 芯片这个领域同时涉及算法与硬件芯片，其为两种技术的相结合。寒武纪已成为全球 AI 芯片领域的佼佼者，也是中国在这个领域的领军代表。

1. 公司简介

寒武纪全称为中科寒武纪科技股份有限公司,其成立于2016年3月15日。寒武纪是一家关注于云边端一体的新生态,致力打造各类智能云服务器,让机器更好地服务于人类。寒武纪最初在词典中只是地质学中的词汇,创始人将这三个字作为公司的名称,是希望AI这个领域百花齐放。寒武纪作为AI芯片产业领域的提出者、布道者与先行者,是一家彻彻底底的高新技术型公司,其拥有科技研发人员680人。2020年7月20日,寒武纪在上海证券交易所科创板正式挂牌上市。

2. 在新领域的技术革新

寒武纪在创始短短4年的时间就达到了1000亿元的估值,这是在很多人的意料之外的。但是,如果对寒武纪进行深度的剖析之后,可能就会慢慢解开疑惑。寒武纪是AI芯片行业的先行人。寒武纪专注于AI智能芯片,对比其他公司,寒武纪进入AI芯片领域的时间最早,具有时间上的优势。同时,在研发过程中,寒武纪的技术部门在芯片架构在算法上做了一系列的优化,并申请了相关领域的核心技术专利。虽然提早进入一个领域时,在技术研究与发展层面会遇到许多未曾见过的困难,但是在研究成功之后所带来的收获也是后来者无法触及的。

寒武纪在技术上的原则至关重要。首先,寒武纪在芯片的架构选择上区别于英伟达(Nvidia)等芯片行业的巨头。在研发AI芯片时,英伟达更多的是依靠公司以前开发芯片的基础来适配AI的应用与算法,并非为AI领域进行专门的开发。而寒武纪的芯片架构则是对AI领域进行专门开发,公司在算法、产品的性能、性价比等层面进行了大量的优化,帮助客户进行最优的决策。

在芯片研发方面,寒武纪在2016年推出了首款商用终端AI处理器,在研发之后,寒武纪与华为进行了合作。麒麟970芯片搭载了寒武纪的芯片，显示了市场对寒武纪技术的认可。一年之后，公司推出了低功耗的1H8与高性能的1H16，以适配不同的应用场景。同时，寒武纪同步开发云端市场与边缘终端市场。对于云端市场，寒武纪将云端智能芯片推向市场，并完成与联想集团、曙光等知名大厂进行一系列的交流与合作。同时，寒武纪的最新产品思元290的测试进程一切顺利。对于边缘段市场，寒武纪在2019年发布了思元220芯片及适配的模组工具。此外，寒武纪还提供了Cambricon NeuWare平台，开发者与使用用户可以在该云端平台上进行统一的开发与应用，支持从端到边到云的产品服务，并可以对客户的要求进行优化。该平台使用统一的处理器架构与指令集，以帮助寒武纪进行产品的生态互通，这一平台可以帮助客户减少开发与使用成本。

总体来看，寒武纪在AI芯片领域是一个入场早、技术硬、范围广的公司。在AI领域建立了自己的生态系统，帮助公司在AI芯片领域获得核心竞争力，其AI芯片规模化应用可以看出其发展的无限可能性。

3. 多方面巨头入场的影响

随着AI芯片市场规模逐渐增大，许多传统芯片企业与一些互联网巨头逐渐向这片蓝海迈进。在国外，芯片巨头英特尔为进军AI芯片领域，对AI领域的企业与GPU领域的企业进行了多次收购，谷歌也宣布将要开发自己的AI芯片研究部门，苹果与微软为了完善自家企业的环境也进行了AI芯片的研发。在国内，华为与寒武纪进行合作，开始进行"达芬奇"项目。同时，三星为了对标华为也进行了许多AI芯片的研发，计划在未来的几年中对自家研究的AI芯片进行应用，同时对AI方向进行新的组建业务。

面对如此严峻的局势，在2020年的寒武纪发行审核回复中，寒武纪对这些问题进行了一系列的回复。首先，寒武纪认为AI芯片的领域十分之大，即使一些公司试图进入这个领域，寒武纪也可以依靠自己入场早、技术硬、范围广的竞争力在市场上占据一定的份额。同样，各大巨头进入 AI 芯片市场的计划在最后会集中到封闭路径和供应路径两条道路之上（见图 4-13）。

一是封闭路径。可以理解为像苹果与华为一样的厂商，公司希望将自己的产品与业务形成一个闭环，在内部提供芯片与软件。将自己生产的产品放在最上层的应用上，并尽可能地吸收与引用外部产品与技术。二是供应路径。类似于安卓一样的开源路径，让最上层的应用层面服务于自己的供应商与社区共享平台。而寒武纪的定位则是第二种供应路径。公司为各大企业提供各种云服务，同时向下层厂商提供个性化的定制服务。

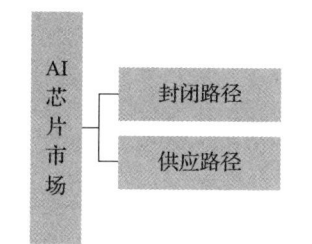

图 4-13　AI 芯片市场未来的道路

4. 总结

在经过主要客户的一系列变动与多家巨头的入场后，AI 芯片市场的竞争也逐渐加大起来。随着互联网行业带来的一系列产业链，越来越多的企业如雨后春笋般在市场之中冒了出来。虽然，寒武纪对市场已经有了基本的把控，且技术方面也在进行逐渐地完善。但在市场的角逐之中，寒武纪是否能在这里留下浓厚的一笔，让我们拭目以待。

（资料来源：作者根据多方资料整理而成）

三、电商分销渠道服务

在服务产品中，有一项特殊种类的服务可能需要进行单独的讨论，那就是电商服务。而此类服务产品的分销渠道可能与传统的服务产品渠道有些许的不同。消费者所选择的渠道不同，他们的期望可能也不同。一些渠道可能是运用低价来进行竞争，而通过另一些渠道进行销售的产品，客户可能更专注创新、设计、与客户忠诚度。渠道的专用性也是电子商务的关键。对于电商渠道，我们大致可以分为以下几类。

（1）网站导航渠道。通过一些网站界面的引流，企业可以通过这种方式来进行一系列的推广，这种方式可能在开始可以帮助所需推出的服务产品获得更高的关注度。

（2）B2C商城渠道。如果企业所提供的服务产品是市场上热卖的服务，企业可以通过B2C平台向客户提供服务。

（3）社交媒体渠道。在微博、抖音、知乎等板块进行服务推广可以使服务产品获得更高的关注度，通过这种方式对服务产品进行大范围的传播。同时，在这些平台上，用户也更容易对使用过后的服务产品做出评价。此举可以将无形的服务转化为有形的展示。

（4）实体店面。消费者在这个渠道中可以了解更多关于服务产品的属性。当服务产品较为复杂时，这可能是一种让消费者了解这项服务的最好方法。同时，销售人员可以利用实体店面向其他渠道进行引流。

专栏 4-5

小红书——分享出的百亿精彩

不知从何时开始，"种草""拔草"等新兴词汇突然出现在了人们的生活中。不难发现，这种新兴的产物是靠着互联网体量进行的传播。而许多新型互联网公司也不断地出现在了人们的生活中。而有这样一个平台，用户可以将自己的经历通过文字、照片或者视频分享给世界各地的其他用户，通过这种方式来记录生活中的美好。这个平台，就是小红书。小红书使用自己公司独特的算法与人工智能技术对平台的信息与用户进行整合，将用户想要的信息推送至他们的面前。人们可以利用这个软件来进行"种草"与"拔草"，且帮助其他用户分享更多的信息。不得不说，小红书是在新型互联网下创造出的一个特别产物,而且它的出现也拉动了许许多多的产业链,将新生代的互联网电商平台的概念诠释得淋漓尽致。

1. 公司简介

小红书于 2013 年在上海成立,它不仅是一个让用户记录各种文化、各种生活方式的地方,更是一个让用户进行消费决策的大门。其 Slogan "标记我的生活"与其使命" Inspire Lives 分享和发现世界的精彩"都从根本上表示出了这个软件的用处与用户定位,且获得了大量的黏性用户。其通过独特的社区系统,让更多的人进行交流与分享。在社区中,不仅存在普通的消费者,也存在着很多名人,他们在同一个社区对商品进行测评,潜移默化地形成了"种草"效益。以至于在 2019 年拥有了超 3 亿用户,2020 年年初的估值突破了 400 亿元。

2. 自我转型后的独特道路

如果在多年前提到小红书,可能大部分的使用者给其的定位只是一个跨境购物攻略软件,人们只能在出境时才会进行购物查询。可是随着小红书的发展,他们已经不局限于此。2014 年,小红书将软件名称改为:小红书购物笔记。用户可通过小红书购买自己想要的东西。这时,小红书基本已定下了未来几年的基调,使用社区号、企业号、福利社将旗下业务进行分类与整合。在社区号部分,用户可以通过社区服务与其他用户进行分享与沟通,也就是经常说的"种草"环节。在企业号部分,小红书可以进行"社区营销—交易",而且可以轻松实现闭环,其目的为将消费者与品牌紧紧捆绑在一起,更可让品牌在这里形成完整的服务链。而福利社这一分区则为小红书将资源进行整合之后自营的一个电商平台,用户可将在社区部分的"种草"环节进行"拔草",且用户在进行浏览之后,如果有感兴趣的商品可以重返社区部分查看其他用户对同类商品的评价,如图 4-14 所示。

社区号	企业号	福利社
• 小红书社区目前内容覆盖时尚、彩妆、美食、旅行、娱乐、读书、健身、母婴等各个生活方式领域，每天生产超过70亿次的笔记曝光，其中超过96%为UCG内容	• 小红书企业号部门围绕"企业号"这一核心产品，整合公司从社区营销一直到交易闭环的资源，更好地连接消费者和品牌，帮助品牌在小红书完成一站式闭环营销，提供全链条服务	• 小红书福利社是小红书的自营电商平台，在小红书福利社，用户可以一键购买来自全世界的优质美妆、时尚、家电、零食

图 4-14　小红书的三大板块

像字节跳动一样，小红书同样也使用了人工智能技术，其利用小红书独特的算法对用户进行深层次的刻画，并与其他方面进行关联。通过这种算法，使小红书可以独特且精准地推送内容到每一位使用者手中。此举可以让小红书拥有更高的黏性与更好的用户体验。通过2019年中期的调查，小红书的用户超过3亿人，MAU（月活跃用户人数）突破1亿人大关。

对于小红书来说，它和传统的电商平台有着截然不同的一点。传统的电商平台只是将国内的一些商品搬运到了网上进行展示与销售，而小红书则是将世界各地的商品来向使用者进行展示与销售，如图4-15所示。

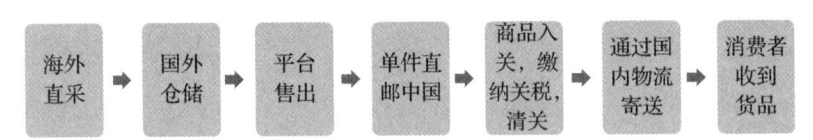

海外直采 → 国外仓储 → 平台售出 → 单件直邮中国 → 商品入关，缴纳关税，清关 → 通过国内物流寄送 → 消费者收到货品

图 4-15　海外直邮渠道流程

仓储、邮费、关税与物流速度是小红书需要密切关注点。利用传统的海外直邮方式对小红书这种体量的公司可能并不是一个十分契合的方式。而保税仓渠道可能是最适合于小红书的了，如图4-16所示。

海外直采 → 统一运往国内 → 受海关监督进入保税仓储存 → 平台售出 → 缴关税、清关后商品出保税仓 → 通过物流寄送 → 消费者收到货品

图 4-16　保税仓渠道流程

对于小红书来说，他们可以用保税仓储来降低成本，并且将物流速度加快，使消费者更快地收到货物。此外，在2015年的3月和6月，小红书在河南省郑州市与广东省深圳市建立了自营保税仓，且正式投入了使用。商品从国外运至自营保税仓后，再从郑州保税仓辐射至全国各个角落只需要1～3天。

3. 小红书的商业运营模式

在现阶段，小红书独特的商业运营模式与各轮融资的成功带给了各大新型互联网商业平台很多启示。

第一，独特的算法与人工智能相结合。这一点不仅在小红书上面可以体现，在字节系的软件之中我们也可以发现共同点。利用人工智能与算法将用户想要的东西送到他们面前，而不是让用户去主动查找自己想要的是什么。这种方式可以让用户有更高的使用黏性。

第二，商业闭环，带动产业链。对于小红书来说，这种把社区号、企业号、福利社三种模块进行分类的方式，值得其他互联网公司学习。当小红书自己将这些项目进行闭环之后，用户可以在社区号内进行选择，企业号可以通过小红书将产品上架，并通过小红书拉近与客户之间的距离。在福利社板块，小红书同样提供了自己的电商平台。而用户在社区进行"种草"的产品也可以通过软件内部进行"拔草"，且用户同样可在福利社进行浏览，并对感兴趣的商品在社区内进行查询，形成良性循环。

第三，发展与内审齐头并进。在迅速扩张发展的途中，企业同样需要进行内部审理，将不符合法律法规的信息及时下架，为中国的互联网行业提供更整洁的环境。而不能在受到惩处下架之后再对产品进行核查，这样会对小红书带来无法估计的损失。

（资料来源：作者根据多方资料整理而成）

第四节 服务促销

服务促销的目的在于提升服务产品的销售量，加速企业的新服务产品进入市场，并使客户可以更快地接受服务产品。服务促销所面向的不仅是客户，还需要管理好员工与中间商之间的关系。下面将对服务沟通、服务体验、服务展示进行解读。

一、服务沟通

沟通是企业将服务产品推向市场后极为重要的一环，也是人类组织的基本特征与活动之一。企业在与顾客的沟通下可以更好地维持与顾客之间的关系。沟通纽带是服务价值传递的网络基础，也是企业高水平经营绩效与经营优势的重要来源。有效的沟通可以帮助企业更优的完善一项服务产品，并可以更好地将服务产品展示给客户与市场，而持续的沟通可以最大限度地强化品牌形象、增加品牌资产。

同时，企业需要尽量消除市场沟通差距。市场沟通差距是指服务型企业在进行营销过程中对市场及消费者所做出的承诺，与企业所提供的真实服务产品的服务水平不一致。市场沟通不仅会影响客户的期望服务水平，还会影响客户的感知服务水平。造成市场沟通差距的主要原因有以下几点，如图 4-17 所示。

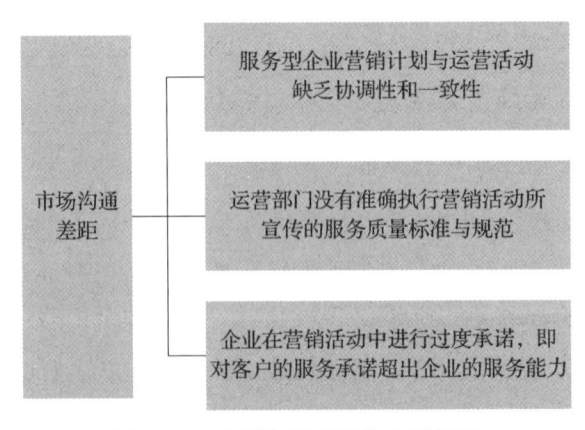

```
                ┌─ 服务型企业营销计划与运营活动
                │  缺乏协调性和一致性
                │
市场沟通差距 ───┼─ 运营部门没有准确执行营销活动所
                │  宣传的服务质量标准与规范
                │
                └─ 企业在营销活动中进行过度承诺，即
                   对客户的服务承诺超出企业的服务能力
```

图 4-17　市场沟通差距的主要原因

由图4-17可以清楚地了解，市场沟通差距可能是由企业原本所定下的计划与执行有偏差所导致，也有可能是企业进行了虚假或过度宣传所导致的。企业需要尽力地缩小或者消除市场沟通差距，这样可以对企业和客户之间的沟通有一定的保障。

二、服务体验

随着服务经济的发展，企业面临的一个很大的挑战是服务产品同质化。在这个背景下，服务体验就显得极为重要，这种体验可以帮助客户对服务产品进行更为迅速地识别。服务品牌的识别是服务品牌在目标顾客心中综合意义的理解，而服务品牌的识别的主要来源于感官体验、情感体验、行为体验、思维体验。服务体验可以帮助企业在服务营销管理中回归到生产服务产品的本质：满足客户最根本的需求，而不是通过理性进行一系列的推断。

在客户进行服务体验时，企业一定要尽量提高服务产品的品质与效用。这一点是企业与顾客关系建立的基石。如果客户进行服务体验时对产品感觉不满，可能会导致后续服务难以有效地推进。企业需要注重客户对服务产品的"最优服务产出"，即顾客的需求可以很容易被服务产品所满足，并且在质量上应该优于竞争者，让客户在进行服务体验时感觉物超所值。企业只有通过良好的服务产品质量，才可以让客户体验到企业所想传递的信息。这一方式可以帮助企业赢得顾客信任。

同时，服务体验并不单单体现在服务产品的品质之上，其也受到服务人员与客户两方面的影响。一方面，很难有完全相同的两个服务人员，由于其个体能力与其他方面因素的影响，即使是同一企业提供的相同服务产品也有可能是不同质的。即使是同一位服务人员，也有可能因为环境或者其他因素的影响，导致提供的服务产品具有差异性。另一方面，企业所提供服务产品的对象也是不同的。不同客户也会导致对于服务产品的认知差异，其所具备的不同认识、兴趣特征与个人倾向也可能影响服务体验的水平。

所以对于企业来说，如何更好地理解顾客的服务需求，识别服务价值，应当对服务期望及服务感知质量有深刻的理解。这样才可以提高服务产品的质量，提高服务体验。

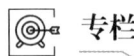

专栏 4-6

小米的崛起

2019年，小米集团成功在福布斯中国最具创新力企业榜中占据了一席之地。同年，小米集团首次进入世界500强企业，并在2019年《财富》未来50强中位居前列。可以说，小米这个品牌从建立之初就给市场带来了太多惊喜。

1. 公司介绍

小米集团是一家大型移动互联网公司，致力于智能硬件和电子产品的研发及智能家居的生态建设。小米公司始终秉持"感动人心，价格厚道"这一使命，并且想让世界的每一个人都能享受科技带来的美好生活。这一观念始终贯彻到了每个小米人的心中。

随着小米集团规模与品牌的影响力的扩大，小米也开始向别的领域迈进。小米已对400多家公司进行了投资，业务覆盖智能硬件、消费品、教育、游戏、社交网络、医疗保健、汽车运输、金融等领域。

通过仅仅8年时间，小米已经达到了千亿级别的创收，建立了自己的生态系统，成为全球第四大的智能手机厂商。小米在手机方面不只是制造，并且拥有独立的手机芯片自研部门，这也是继苹果、三星、华为之后的第四家。同时，小米利用独特的眼光建立了全球最大的消费类IoT物联网平台，不仅在旗下成立了生态链品牌MIJIA、Redmi、POCO等，同样为建造生态链与紫米、华米签订了合作协议。对消费者提供智能手机、移动电源、音响、智能家居（智能电视、路由器、空气净化器、电饭煲等）等一系列产品。此外，小米集团利用互联网思维开放出独特的 MIUI 系统，这一模式使 MIUI 拥有着超过 3.09 亿的月活跃用户。

2. 建立独特的 IoT 平台

在小米集团的品牌建立之中，其建成的全球最大的消费类 IoT 平台可能是最亮眼的一点。随着互联网浪潮的袭来，在手机这个行业小米逐渐进入了人们的视野。随着小米在手机领域逐渐占据的优势，创始人雷军发现了 AI 与 IoT 在未来发展的趋势，在之后的发展中，小米对 IoT 进行了大规模的布局，并建立了区别于其他 IoT 的 AIoT（AI + IoT）。通过这些年的发展，率先入场的小米已经占据了 IoT 的绝大市场，成为全球最大的消费类 IoT 平台。根据小米发布的 2020 年第三季度财报，我们可以发现小米的 IoT 与生活消费产品部分的收入达到了 181 亿元，同比增长了 16.1%。2020 年，小米集团同样表示在未来 5 年将投入 500 亿元进行升级，并进行"1+4+X"战略（"1"即手机，"4"即电视、智能音箱、路由器、笔记本电脑，"X"即与小米进行生态链合作的企业）。AIoT 对小米来说已经被放置到了与手机业务同等重要的位置上。而在华为、腾讯等也进入 IoT 领域之后，小米通过 AIoT 平台获得了独特的优势，如图 4-18 所示。

赋能生态链公司：小米在发展时同时建立了 MIJIA、Redmi、POCO 等一系列子公司，并且与紫米、华米等公司签订了合作协议。此举可以帮助小米在不同领域同时入场，并且逐渐补全小米 AIoT 的生态链。

高效吸引客户：小米通过网上商城与

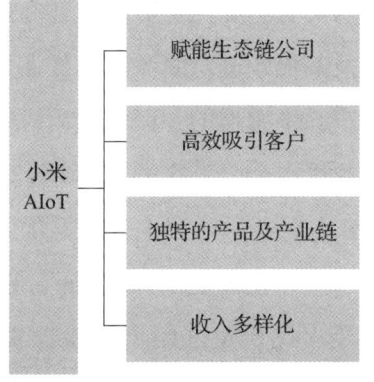

图 4-18 小米 AIoT 的与众不同

线下社区打造了便利且高效的通道。同时，小米建造了属于自己的建造工厂，这一举动帮助小米展现了其高效的特性，且此特性将客户吸引至小米的零售渠道。

独特的产品及产业链：小米通过在多方面的布局、精益求精的设计、不断研发的产品造就了一条属于自己的产业链。2015年2月，小米收购了RIGO Design，此举帮助小米在设计的道路上更进一步，帮助小米制造出了具有自己特色的产品，来吸引更多的消费者。

收入多样化：小米集团的收入是由智能手机、IoT与生活消费产品、互联网服务等多条业务链构成的。集团并未将所有的鸡蛋放到同一个篮子里，而是进行了多方面的布局。小米将市场同时也放到了海外，在印度市场中小米长期占据手机销售榜首。此举可以帮助小米集团获得多方面的营业收入。

通过以上的几点优势，小米集团在这个领域中已经建立了独特的竞争体系。

（资料来源：作者根据多方资料整理而成）

三、服务展示

服务产品的无形性导致顾客在没有进行服务产品购买时很难进行评估。虽然如此，但是顾客在进行消费之前可以对服务设备、服务人员，以及其他顾客对服务产品的评价做出一定的评估。企业所推出的无形的服务产品中有形的一面会成为顾客在消费之前理解这个产品的关键原因，这个原因也会对顾客的选择产生一定的影响。所以，企业需要对无形化的服务产品进行一定程度的有形化设计。

在企业进行服务展示的时候，客户使用其感官对有形物体的感知及由此产生的印象可能会直接影响客户的服务质量和公司形象。所以，对于企业而言，对服务产品进行展示是服务价值传递的重要内容。企业进行服务产品可视化的操作时，可以根据以下四点要求进行良好的展示。

（1）构建第一印象。因为服务产品的无形化，在可视化操作中构建第一印象会影响初次消费者感官。对于一些新客户来说可能会根据第一印象来对服务的品质及效果做出判断。

（2）形成合理预期。企业可以通过有形展示将服务产品的特征进行一部分的展示，让顾客可以进行合理的期望，而不是在持有一种期望过高的愿景来理解产品，避免为满足内心愿景而带来负面影响。

（3）推进优质服务。企业需要通过可视化展示来改进服务价值创造与传递过程，来提高服务品质。提供更优质的服务可以帮助企业获得更好的消费环境。

（4）塑造企业形象。服务产品的有形展示同时需要塑造良好的企业形象。这一点与服务产品的推出是相辅相成的，好的服务产品展示可以提高企业的形象，而好的企业形象也可以使更多顾客选择服务产品。

在服务产品的展示中，还有一点是不能忽视的，那就是服务产品展示的对象。只有将服务产品展现给正确的人，才会为企业带来更好的效益。如果将服务产品进行大范围的展示，很有可能造成无效推广，这一点对企业的收益也会有许多的影响。所以，企业需要对市场进行一定程度的分析，在定位之后可以进行更好的服务展示。

章末案例

春秋航空发展的"春秋之道"

随着交通业的逐渐发展，人们的出行方式也有了越来越多的改善。最初大家的出行可能会选择大巴、绿皮火车等，但是随着时间的推进，人们可以选择的方式也变得越来越丰富，自驾、高铁、飞机都成为人们的选择。可是，随着出行方式的增加，人们出行的成本也相对高了起来。但是，在中国有这样一家公司，人们可以用 9 元买到飞机票。同时，正常的机票也比其他民航业公司便宜。它的客户可能只需要用不到 1000 元就能飞遍整个中国。它就是春秋航空。

1. 公司简介

春秋航空股份有限公司（以下简称春秋航空）是中国大陆民营资本独资经营的低成本航空公司，也是首家由旅行社起家的廉价航空公司。2004 年，中国民航总局批准了春秋旅行社的申请，其定位于高性价比航空业务模式，于 2005 年 7 月 18 日成功进行了首飞。春秋航空也是中国第一家不参与中国民航网络销售系统的航空公司。

春秋航空建立时，公司只有三架从外部租赁来的空客 A320 飞机提供国内航线的客货运业务。2010 年，随着春秋航空的发展，公司逐渐开启了国际及地区的航线，并且于短时间内加速了扩展航线的速度。2015 年 1 月，春秋航空于上海证券交易所上市。春秋航空于 2019 年 7 月被授予"全国劳资关系模范企业"，春秋航空的空乘团队于 2018 年在中国优秀空乘团队排行榜中位居前三。

2. 春秋之道

春秋航空由一家小小的旅行社建立而成，逐渐发展为年盈利近 20 亿元的航空公司。其中存在着一些过人之处，从春秋航空进行服务产品的设计、定位、宣传中可以看出一些原因。如图 4-19 所示。

（1）经营模式。春秋航空是中国第一家定位为低成本的廉价航空公司。春秋航空从旅行社发家以来，一直秉承着在安全飞行的情况下坚持低成本的运营模式。通过学习国外一些廉航的发展经验，如捷蓝航空（JetBlue Airways）与精神航空（Spirit Airlines），创造了一条属于自己的经营模式，即在充分利用现有资产的同时，实现高效的航空生产运营。春秋航空的商业模式还用六个字来进行简单的概括：两单、两高、两低。"两单"为单一机型与单一仓位。与其他的航空公司不同，春秋航空所有飞机都集中采用空客 A320 机型。这一方式可以帮助春秋航空降低采购、运维及自选设备项目成本，在准备燃油及备用发动机时不需要进行多套不同规格的准备。这样也帮助春秋航空降低了对机组人员培训的复杂程度，降低了成本。此外，春秋航空不设置除经济舱以外的仓位，并对飞机进行了一定程度的改装。在对座机进行调整之后，飞机可以容纳更多的人。这种方式将载客率提升到了极致。"两高"指的是高客座率与高飞机日利用率。春秋航空在 2015—2010 年保持客座率 90% 以上，并且平均在册飞机日利用率均超过 10 小时。同时，春秋航空通过差异化客户定位的优势，更多的利用闲时进行起飞（红眼航班等）。这种方式可以更大程度地通过分摊单位成本，来降低运营成本。"两低"则为低销售费用与低管理费用。春秋航空以电子商务直销为主要销售渠道。通过在官方网站与微信公众号等推送优惠活动信息来吸引客户在官方网站预订机票，并拓宽电子商务直销渠道，降低代理销售成本。2020 年上半年，公司的电子商务直销占比已经达到了 97.6%。

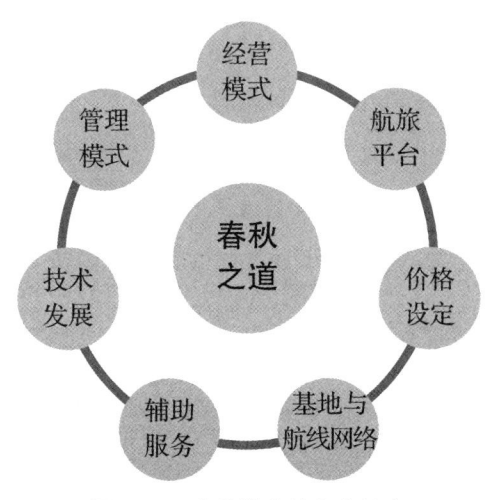

图 4-19　春秋航空的七大法宝

（2）航旅平台。近年来，我国人民旅游消费的占居民消费的比例越来越大，而民航业也成为越来越多人的选择。以前，航空公司仅是旅游行业中提供资源的供应商，而现在，随着互联网在世界范围的迅速发展，航空公司也成为旅游业的主动参与者。

（3）价格设定。通过经营模式，春秋航空可以在不影响盈利水平的情况下为客户提供较低价格的服务产品。在价格的设定上，春秋航空利用低价来瞄准对价格弹性较为敏感的消费群体。同时在官网、微信公众号等推出抽奖、1折下单等活动来吸引更多的客户。利用这种方式，春秋航空仍然在竞争极为激烈的民航业中表现得十分优秀。

（4）基地与航线网络。春秋航空的枢纽基地位于上海的虹桥机场与浦东机场。优秀的地理位置成为春秋航空发展的基础。经统计，2019年上海浦东机场与虹桥机场旅客超过12100万人。通过春秋航空的枢纽基地，其所运营的A320机型可以航通超过20个国家和地区的266个城市，这充满着巨大的潜力。同时，春秋航空也在贯彻差异化竞争的策略，在各个区域建立了区域基地，在中国多个城市建立了枢纽。这种方式帮助春秋航空拥有了更多的客户，并且可以将服务产品交付给更多的角色。

（5）辅助服务。与中国其他的民航业不同，春秋航空利用差异化的商业模式，并未实现"单票直航套餐"模式。它使用全方位服务航空公司的机票价格中包含的产品和服务（包括餐饮、行李和座位选择）作为增值产品，以向机上乘客提供服务。在飞行途中，春秋航空的机组成员会将一些公司的衍生品进行售卖，并出售与出行相关的产品服务。同时，春秋航空还增加了对电子商务销售的投入，增加了直接客流，并加强了流量货币化渠道的形式和创新。这样，客户将拥有更多的自治权和便利性。这也是春秋航空未来的核心竞争力之一。

（6）技术发展。春秋航空的董事长在一次访谈中说道："春秋航空首先是一家技术公司，其次才是航空公司。"从春秋航空创建以来，在技术上一直走在民航业的前列。在商业模式的影响下，春秋航空基本没有设立人工值机柜台。利用大量自动化设备进行值机、托运等一系列本需要人工进行的活动。这种方式帮助春秋航空将服务规范化，并且降低了运营成本。2020年，春秋航空再次增加研发成本5000万元。通过自主研发的收益管理系统、航线网络系统、航班调配系统、机组排版系统、维修管理系统、地面管理系统与安全管理系统等来协助公司的运营。同时，随着"互联网+"的发展，公司利用技术上的优势来使用户的体验更加完善，并有效增强了用户黏性。

（7）管理模式。春秋航空具有完善的管理模式与卓越的运营能力，并且也是中国民航业中第一家推出股权激励制度的公司。通过公司核心管理团队积极研究，才发现属于自己的"春秋之道"。在多层次的股权激励制度的保障下，管理层与技术团队都保持着稳定性与积极性，并恪守勤俭节约的原则，营造了"奋斗、远虑、节俭、感恩"的企业文化。在节俭的同时，春秋航空在新冠肺炎疫情突袭时积极响应国家号召，设立了特殊机组对防疫物资进行援助，体现了春秋航空的社会责任感。

通过以上七点，春秋航空竭尽所能，以实现最好的服务产品，也慢慢地走出了自己的"春秋之道"。

3. 结论与启示

中国已经一步步地迈向了服务经济的时代。而在服务经济时代，企业则需要一步步地抓住服务经济的价值。从春秋航空成功上我们可以得到以下结论：

首先，优秀的服务产品管理。春秋航空有着极其优秀的服务产品管理水平，其服务产品的设计与服务品牌的塑造上都扣住了春秋航空建立的本质。

其次，精准的服务产品定价。春秋航空在建立之初，就明确了市场定位。在价格的设置上春秋航空明白所对应市场的客户要的究竟是什么，并且通过一定的策略来对服务产品进行定价。同时，通过技术的发展来对服务收益进行一定方式的管理。

再次，独特的服务渠道设计。企业在设计服务产品时一定要找到适合自己的服务渠道。春秋航空在对服务渠道的设置之中就表现出了自己独特的一面。它拒绝了中国民航网销售系统，而选择了只在互联网上进行售卖，这一方式省下一笔不俗的代理费。同时，春秋航空也进行了许多服务渠道的拓展，随着互联网的发展，微信公众号、微博等也成为春秋航空的宣传与销售渠道。

最后，多方面的服务促销。春秋航空在瞄准目标群体后，持续与客户进行沟通，并通过一定的宣传将服务进行展示。春秋航空经常地将活动通过官网、微博、微信公众号等多个媒介进行宣传，同时提供"想飞就飞"与飞机上衍生品销售等一系列个性服务，常以超低价机票展示其性价比。

（资料来源：作者根据多方资料整理而成）

本章小结

随着中国逐渐地迈向服务经济时代，许多传统企业开始向服务经济转型。不仅如此，也有许多的新型服务产业如雨后春笋般冒出来。在服务产品越来越多的今天，企业只有在发展过程中紧紧抓住服务经济的价值，在服务产品管理、服务产品定价、服务渠道、与服务促销等方面做到精准的定位分析，并对企业自身推出的服务产品运用系统的方法进行一系列的改进与优化，才能跟随时代的浪潮向成功的道路迈进。

第五章

服务管理

管理与服务进步远比技术进步重要。

——华为董事　任正非

服务管理是对服务流程和服务人员的管理。在激烈的市场竞争中，服务管理是企业赢得胜利的法宝。服务流程的合理化、规范化会提升服务的价值，企业要结合自身的实际情况来制订服务流程，实现效用最大化。而且，对服务人员进行系统的培训、明确的分工，能够提高其工作效率，从而提升顾客的满意度。据此，企业要坚持以顾客为中心，为顾客带来优质的服务，这是服务管理的最终目标。

开章案例

美的升级顾客服务

1. 企业简介

美的创建于1968年，目前拥有中国最完整的空调产业链，除此之外，在电饭煲、风扇和微波炉等家电产业中也名列前茅。美的将全过程的顾客服务贯穿53年的发展，以专业的服务态度和服务精神，践行"为顾客创造价值"的服务理念，为顾客创造服务价值，带来产品增值。更是走在行业前沿，率先进行服务网络化。作为全行业的高质量标杆，美的获得了许多忠诚顾客，销量也迎来了巨大飞跃。

2. 商业模式

如今，家电行业的竞争越来越激烈，企业都掌握着先进的技术。随着人们消费水平的提高，产品质量和服务质量成为消费者关注的焦点。许多企业都将顾客服务视作需要不断完善的工作重点，美的也不例外，其以顾客服务闻名，无论是售后服务还是顾客服务，美的都力求给顾客全过程极致的用户体验。

通过对"美的服务"平台上顾客遇到常见问题的统计，发现顾客在意以下几个方面的问题：一是无法高效与客服人员沟通；二是从预约到上门没有固定的时间区间，不清楚到底需要等待多长时间；三是当保修卡丢失后，保修成为难题；四是对如何进行产品的维护和保养不清楚。针对这些问题，美的都给出了相应的解决方案。通过合理调配人手来解决沟通不及时的问题；通过信息可视化，即顾客在成功预约上门服务后，能够看到订单的处理进程，并且在进程更新后能够及时收到信息，自主预约上门服务的时间以解决等待时间不确定的问题；通过升级保养系统，定期提醒顾客进行保养，并能提供上门服务来解决保养难的问题；通过对不同产品设计不同的自行保养步骤来解决顾客的操作问题。据此，美的做出了一系列应对措施。

首先，在产品的开发阶段，先进行详细的调查，充分了解顾客的需求后再进行产品的开发。例如，在对新电饭煲进行研发前，美的在全国范围内找到 3000 余名家庭主妇展开调查。详细了解她们的需求以求开发出更贴近消费者需要的产品。调查结束后，美的进行"明火煮饭"的研发，新产品兼具电脑温控技术和电磁加热功能，能够让用户煮出像柴火饭一样好吃的米饭。果然，此产品上市不久，消费者就争相购买。

其次，在产品生产阶段，美的将产品质量做到极致，让顾客无可挑剔。仅有服务而无产品质量是远远不够的，家电产品最重要的就是产品质量，如果质量存在问题，用户体验将大打折扣。所以，美的制定了一套严格的质量控制制度来保证产品的高质量，让顾客用得安心、用得放心。

最后，在产品销售阶段，美的销售人员在推荐产品时，会结合顾客需求进行介绍，推荐性价比最高的产品给顾客。详细介绍产品的使用及使用过程中容易出现的问题。这样一来，顾客的好评度和忠诚度随之提升。与此同时，美的还会给顾客一系列的增值服务。例如，从 1999 年开始，美的就坚持"美的空调健康服务快到家"的上门服务活动。每年的 3 月和 10 月是空调换季使用的高频阶段，美的在这两个时间段都会提供免费保养服务，消费者只需要电话预约，服务人员就会上门服务，如清洗内外机或者更新空气净化过滤网，让空调回到像刚买时一样新。将每一个细小的工作都认真对待，这也使美的收获了一大批忠实的粉丝。

如今，为了满足市场的需求，美的进行了全面的升级，在为顾客提供贴心服务的同时，更加提升了服务的智能性和便利性。

升级一：智能移动端平台。

美的建立了"美的服务"移动端平台。一方面，设有在线客服等功能，顾客可以在平台内自主咨询。另一方面，"美的服务"能够帮助收集信息，一是能够收集顾客遇到的高频问题；二是能够收集顾客对产品或企业的评价，进而预测顾客需求，同时为常见问题寻找解决方案，最终达到提升服务质量和优化服务管理的目的。

总之，"美的服务"是美的对于服务工作智能化的升级。顾客在遇到问题时，"美的服务"能为顾客匹配到最近的网点，安排技术人员上门服务。除此之外，在家电行业，收费规范的问题是顾客的另一投诉点。因此，美的开始采取以线上服务来解决线下收费杂乱无章的问题。线上收费使顾客能清楚收费流程、收费标准和收费明细。这样的做法使收费变得公开透明，消除了顾客的担心。

升级二：差异化专业服务。

美的努力将其服务打造成核心竞争力，致力于为顾客带来个性化、专业化和差异化的服务。首先，美的推出了空调内外管槽安装服务，这是空调行业服务上的一大突破：空调内外管槽安装服务能够解决空调管道裸露带来的不美观问题，同时对于空调的保养和维修更加方便。其次，推出了"24小时闪装行动"，以此来提高服务速度，美的承诺在空调到货后进行安装服务预约，能够在24小时内提供安装服务。最后，推出了"钻享俱乐部"服务，针对购买了高端机型的顾客提供极致的服务。通过全方位、差异化的服务升级，优化服务体验，使顾客的满意度和忠诚度大大提升，让服务增值。

此外，美的还延长退换期，推出了101天超长退换期等服务，让顾客更加安心。并搭建了美居智慧云平台，针对部分高端产品提供定制化的服务。这样一系列的升级服务，让顾客的好评度大大提升，建立顾客良好的信任度和对品牌的依赖度，使服务成为美的核心优势。

3. 总结与启示

服务是为产品增值的过程，企业一定要让服务体现出价值，做到服务让顾客满意，这样才能留住老顾客，吸引新顾客。企业应该先树立服务理念，再更新技术，培训员工，完成优质的服务。美的正是凭借体贴周到的服务态度，成为顾客信赖的家电品牌。其以顾客为中心的服务理念，加上先进的服务技术才能保障服务工作的完善。最终，优质的服务成为美的的竞争优势。

（资料来源：作者根据多方资料整理而成）

第一节　服务流程管理

如今，人们的生活水平和购买能力逐渐提高，在进行购买决策时，除了产品本身之外，还重视售前、售中及售后服务。

一、认识服务流程

1. 服务流程的构成要素

服务流程是以消费者为导向，为了满足消费需求，实现产品增值的一系列活动过程。

（1）供应商。在服务营销中，服务流程的供应商是给服务类员工培训的相关部门。

（2）输入。输入是指服务类员工学习服务内容的过程。

（3）流程过程。流程过程是指为满足消费者需求，使产品增值的服务环节和过程，包括售前、售中和售后服务。

（4）流程执行者。流程执行者包括在售前、售中和售后各环节中的全体服务人员。各服务人员有不同的分工，保证服务工作的有效开展。

（5）输出。检验服务的方式是否满足了消费者的要求，服务人员要能够接受消费者的检验。

（6）消费者。服务的对象是消费者，明确了消费者的需求，服务才有意义。

2. 服务流程的管理

服务流程管理的目的是使服务员工能够明确自己的职能分工。在售前、售中和售后的各服务环节中，服务人员都要充分挖掘各自的潜能，明确自己的责任分工，最大限度地提高服务工作效率，增加产品和企业价值，从而提高核心竞争优势。

专栏 5-1

海底捞胜在服务流程和服务细节

1. 企业简介

提起海底捞，我们想到的就是周到体贴的服务。海底捞主要通过细心的服务打造创新品牌，体贴周到的服务成为海底捞最大的竞争力。很多人都说，去海底捞除了吃火锅，更多的是享受服务。令人佩服的是，海底捞并不是只重视某一环节的服务，而是建立了一个专业的服务流程，其服务细节贯穿了每一个环节。那么，海底捞的服务究竟有哪些特色呢？

2. 商业模式

（1）周到的等位服务。

大家在外就餐时，最讨厌的往往就是排队等待。为了解决此类问题，海底捞以贴心周到的等位服务消除了顾客等位的不愉快。首先，给顾客递送各式小吃并准备不同种类的饮料；其次，提供飞行棋、跳棋等小游戏给顾客打发时间；再次，提供折纸给顾客折"千纸鹤"，每折50个就有优惠；最后，海底捞还贴心地准备了美甲、擦鞋等服务。正是这些服务方式，留住了等待的顾客，同时也赢得了良好的口碑。

（2）为顾客着想的点菜服务。

在点单时，顾客有时会为了面子或不了解菜品的分量而多点了很多菜。遇到这种情况，海底捞的服务人员在顾客点完单后，会与顾客再确认一次菜品，并及时提醒顾客，站在顾客的角度给顾客建议，以免出现错点、漏点的情况。同时，海底捞在提供菜品时，各式食材都贴心地准备了半份。

（3）贴心的席间服务。

在顾客用餐过程中，服务人员会给顾客留有一定的空间，但也能在第一时间服务顾客。随着快手、抖音等短视频的出现，让海底捞出现了很多网红吃法，海底捞的服务员会根据顾客的需求来为顾客调制网红蘸料，共同解锁网红吃法。与此同时，海底捞的拉面表演也是一个火爆点，这些新颖、潮流的方式吸引了很多顾客。

（4）安全的儿童玩乐区域。

海底捞设有儿童玩乐区域，海底捞的服务员在这当起了孩子们的临时"保姆"，给孩子们喂饭，陪孩子们玩。让顾客能够专心用餐，同时保障了孩子们的安全。

（5）细致的餐后服务。

用餐结束后，如果有需要，海底捞的服务人员还会送来小吃，让顾客带走。尽管成本高了，但顾客的满意度和好评度也随之提升；在顾客过生日的时候，海底捞会提供专门的生日服务，精美的果盘、精致的小礼物或是热腾腾的长寿面，无时无刻不洋溢着热情的服务态度。

3. 总结与启示

海底捞这种细致的服务流程、贴心的服务细节换来的是顾客的满意度和忠诚度。从等位到就餐再到餐后服务，每一个服务环节都用心做到极致，与其他火锅店相比，优势十分明显。这一大特色也成为海底捞的核心竞争力，顾客对其也印象深刻，这正是其他餐饮企业需要学习的。

海底捞的贴心服务离不开海底捞的服务人员，海底捞费尽心思在服务员的培训上，服务员能站在顾客的角度，以顾客为中心来提供服务，热情细心的服务态度是制胜的法宝。

（资料来源：作者根据多方资料整理而成）

二、服务流程设计

1. 服务流程设计的定义

服务流程设计是指设计者针对服务组织内外部资源结构、优化配置能力等，为提高服务效率和效益而进行综合策划的活动过程。

2. 服务流程设计应考虑的基本要素

在进行服务流程设计时，首先，需要考虑服务的一般需求，如服务的预期目标、基础设施能力、服务高质量具备的特征和关键成功因素；其次，需要考虑组织及其边界，如组织基本结构及其支持结构、业务流程起点和终点、不同部门的界面等；再次，需要厘清各部门的权限，明确管理层和各服务人员的责任；最后，与现有技术和资源进行对比，分析出所要具备的技术和人力资源，各管理层所应该具备的决策能力。

3. 服务流程设计的一般步骤

（1）明确服务的目标、目的或使命。明确服务的目标、战略规划和服务使命等是服务流程设计的基础。而在明确服务的目标或使命时，就应考虑服务的一般需求、组织及其边界、各部门之间的权限，以及所需要的技术和资源。

（2）确定服务组织的内部需求和能力要素。在进行服务流程设计时，企业要考虑服务组织的内部需求及服务人员所应该具备的各项能力，对服务成本、服务产出率及服务质量等做出预估，这样能更好地提高服务效率和服务质量。

（3）服务应该适应组织结构与文化环境。在进行服务流程设计时，要考虑服务流程是否与企业文化、组织结构等相匹配。组织结构包括硬件结构和软件结构，硬件结构包括如会计、软件开发等技术系统；软件结构包括组织结构中各职能的特点、组织目标及使命等。与此同时，服务组织要形成特有的文化环境，定期培训，使团队氛围有利于服务质量的提升。

（4）分析现有技术和资源。在进行服务流程设计时，要进行详细调查，分析服务组织现有的技术和资源，如果缺乏某方面的技术或资源，那么就要加大这部分的投资力度。

（5）准确定位所有利益相关者。在进行服务流程设计时，还应该对所有的利益相关者进行准确定位，利益相关者包括参与服务流程的所有人，综合考虑他们的实际工作内容、所处工作位置等，避免服务流程参与者之间的利益冲突。

专栏 5-2

小米的全民客服体系

1. 企业简介

小米创建于 2010 年，致力于将产品和服务做到极致。其目标是"与用户交朋友"，正是这样的企业文化和企业愿景，让小米坚持以用户为中心。小米凭借着产品质量和服务体验，收获了一大批忠诚的"米粉"，并将每年的 4 月 6 日设立为"米粉节"，拉近与用户的距离。在小米的发展道路上，我们看到的是全体员工的真诚和热情。

2. 商业模式

目前，小米的服务团队已经突破3000人，是行业中最大的客户服务中心，成为行业借鉴和学习的对象，7×24小时不间断地为顾客提供服务，广受好评。那么，小米的客户服务体系是怎样的呢？

（1）专业的技术平台。

客户服务离不开专业的技术，特别是像"双十一""米粉节"这样大力度的促销活动，往往需要强大的技术保障。首先，需要稳定的服务器和带宽，小米会做很多提前的测试和基础工作的准备，完成基础技术的部署。小米建立了一个在线技术平台，这个平台由小米自行研发40%，另外60%由其他厂商提供。目前，这个在线技术平台能够满足多数的沟通需求，保障与客户之间的信息交流，同时也能够管理后台数据。

（2）调度服务人员。

在一些大型促销活动的时候，客户服务人员常常忙得晕头转向。首先，改变服务人员的调度管理，原先的30分钟调度一次，已经不能满足需求，目前，小米改为15分钟做一次调度，保证客服人员配备合理；其次，设计以场景为主导的客户服务流程，针对不同场景客户的不同需求提供服务，在特定的场景下，提供给顾客最好的工具和最优质的服务策略，以期提升顾客的服务体验；最后，利用其他渠道减少服务的需求，通过提前预告，举办游戏活动等，让顾客提前了解一些大型促销活动的流程，有效降低顾客出现疑问的可能性，利用一些信息技术，精准定位顾客，有效降低服务的需求量。

（3）创新服务理念。

小米在招聘客户服务人员时，会选择更加了解小米产品的应聘者，他们可能曾经是小米产品的使用者，能从顾客角度出发，体会到顾客的需求；在对客户服务人员进行培训时，小米不会刻板地告诉他们应该做什么，而是给予客服人员极大的自由度，更注重培养客服人员的思维意识，灵活地与顾客沟通，有效的解决顾客的问题；同时，在设计知识库信息提示时，采用了模拟器技术，客服人员能够看到员工的问题就知道该如何回复。这样的方式，可以让客服人员直观、快速地与顾客沟通。

（4）创新沟通渠道。

目前，在与顾客沟通方面，小米的沟通渠道丰富，包括线下的小米之家和线上的小米论坛、小米在线等，小米投入了大量的时间和精力在线上客服上。互联网的发展，使顾客碎片化的时间增多，"一对多"的线上服务能够高效地解决顾客的问题，顾客能够便捷地与小米沟通。与此同时，小米还开展了"全民客服"，各层管理者都会积极地在各大平台回复顾客的问题，让顾客感觉到重视。

（5）弱化KPI。

小米推崇以顾客为中心，弱化团队管理中的KPI。小米认为，在对员工进行管理时，不用关注太多的指标，设定太多的指标容易让员工抓不住重点，只需要让员工关注一两个核心指标。这样能够给员工更多的空间，让员工有被信任的感觉，自主地解决顾客的问题。

3. 经验总结

小米的服务不仅是客服人员的参与，管理层也一样会花时间和精力关注顾客的需求，致力于为顾客解决问题。小米以用户至上的服务理念，成为行业表率。在学习别人的服务管理后，再根据企业的自身特点设计了一套新的服务体系，正是这样，小米的服务营销成为其核心竞争力。

（资料来源：作者根据多方资料整理而成）

三、服务流程再造

1. 服务流程再造的概念

服务流程再造本质上是服务用户过程的再造，是以满足顾客需求为出发点，以改造服务流程为对象，在思考和分析之后，对服务流程的构成要素重新进行组合和设计，使服务具有更大的价值，同时改善组织整体业务流程的绩效。

2. 服务流程再造的特征

首先，服务流程再造以满足客户需求为出发点。企业内外环境的变换使需要进行服务流程再造。在服务营销中，是以满足客户需求为导向，这也是现代服务组织的根本追求，消费者的需求是在不断变化的，而服务组织就是要不断地去满足消费者不断变化的需求，给消费者提供更快、更好的服务。所以，服务流程再造要以满足顾客需求为出发点，即多从消费者的角度思考和分析现有服务流程的不足。在进行服务流程再造之前，对消费者想获得哪些服务和对服务的要求进行调查，充分尊重消费者的需求。因此，企业要面向消费者进行服务流程再造，而不是只考虑自身的绩效，一味地满足自身的利益。职能部门在对员工绩效进行评价时，应把顾客的满意度纳入评价标准，这样也有利于服务质量的提高。

其次，服务流程再造以服务流程为对象。服务流程是以消费者为导向，是为了满足顾客需求，实现产品增值的一系列活动过程，强调的是售前、售中和售后全过程的服务工作。在服务流程不能满足客户需求、不能带来价值时，就需要对服务流程进行改造，改造时应把重点工作放在服务如何进行，而不是纠结服务是什么。服务流程再造要聚焦于整个服务流程，不能将服务流程割裂成单个的工作或任务，这样才能保证服务流程再造的有效开展。

另外，以反省服务流程和彻底再设计为根本工作任务。服务流程再造是在思考分析现有服务流程的基础上，以面向消费者和满足消费者的需求为出发点，发现问题，反省现有服务流程的不足后进行的再造决策。

最后，以服务的巨大飞跃为工作目标。通过对服务流程的彻底改变，使管理效率大幅度提高，从而激发企业绩效的巨大飞跃，而不仅仅是追求低速提高。

> 专栏 5-3

驴妈妈的服务流程再造

1. 企业简介

驴妈妈创建于 2008 年，将"让游客自由而有尊严地行走"作为企业的发展目标。2019 年旅游业收入突破 6 亿元，2020 年突袭的新冠肺炎疫情，让旅游业发展呈下滑的趋势，各大旅游网、旅行社都在思考如何能缓解旅游业发展停滞的问题。

2. 商业模式

传统的跟团游是用户付费下单后，签署协议再出游。但是，旅游途中出现的问题却无法得到保障，旅行社对游客反映的问题也不及时解决。最近，驴妈妈推行了"先游后付"商业模式，顾名思义，"先游后付"就是先游玩再付款，"先游后付"改变的不仅是支付方式，而是服务流程的变革。早在 2011 年，支付宝就尝试过"先游后付"，但是因为资金周转的压力最终失败了。所以，起初公司内部是反对做"先游后付"的，但是驴妈妈旅游网的创始人洪清华依旧坚持下来了。

为了规避风险，驴妈妈选择与银行合作，引入查询征信功能。如果用户存在逾期不还贷款或是恶意拖欠贷款等行为，都是不能进行"先游后付"的。除此之外，对年龄及申请人的资质也有一定的限制，当有订单或付款未支付时，也是不能进行"先游后付"的。这样的做法，在一定程度上做了用户筛查工作。

目前，"先游后付"只针对跟团游，顾客在预定之后，能够享受一对一的专属 VIP 服务，同时还会额外赠送旅游意外保险和价值 666 元的礼包券。同时，会提供好保障机制来保证顾客玩得开心、玩得放心。一是保障住宿和餐食，当顾客发现实际的住宿与合同不一致，如遇到酒店降级或房型等问题时，能够退一赔一；若办理入住的等待时间超过 30 分钟，顾客可以要求赔付住宿费的 20%；若餐食与合同不一致，也可以要求退一赔一。二是保障用户能够安心游玩、闲心购物，若旅行社增加购物次数或强制顾客购物，顾客可要求赔付订单的 10%～20%。三是保障贴心的导游服务和交通服务，若导游擅自增加项目，顾客可以要求退还。在旅途结束后，驴妈妈也会积极解决顾客反馈的问题。这一系列的保障服务，都是为了能给顾客一个良好的旅游体验。旅途结束后，游客需要在 3 天之内完成付款，逾期未付的系统将默认为分期付款，有效避免了用户赖账的情况。与此同时，已经有多个省市设立了"先游后付联盟"，内含酒店、旅行设等，实现利益共享、风险共担的商业模式。自上线之后，"先游后付"的产品和服务不断升级，获得了用户的高评价，成交金额已经突破千万元，之前所担心的恶意赖账情况并没有发生，已经有更多的企业和客户开始接受和支持这一模式。

但是，"先游后付"也会产生诸多问题，如用户开始变得挑剔、增加风险或资金周转困难加大等，这些都是不可避免会遇到并需要花时间解决的问题。但是，只要合理设计，各方支持，"先游后付"是很有发展前景的。不可否认，驴妈妈推行的"先游后付"在很大程度上打消了顾客跟团游会产生的顾虑，有效促进了旅游业的良性运转，推动了旅游业的发展。

3. 经验总结

对于整个行业来说，驴妈妈更新了行业的服务流程，推动了旅游业的发展；对于旅游目的地来说，助力了当地旅游体系的升级，扩大了知名度，带动了经济；对于用户来说，不需要再担心旅游后得不到保障，玩得更加放心，在考虑价格的同时保证了品质。

驴妈妈的成功离不开上下游企业的默契配合、协同发展，促进更多的企业来提升服务质量，从而提升顾客满意度和忠诚度。未来，以信用来消费的模式将越来越普遍，企业在尝试的过程中，可以借鉴驴妈妈的发展进程，减小风险，扩大市场份额。各企业和顾客要对"先游后付"多一点宽容，共同呵护其成长。

（资料来源：作者根据多方资料整理而成）

3. 服务流程再造的步骤

首先，诊断服务流程。服务流程再造的第一步是诊断服务流程，对服务流程进行诊断和思考，重新审视现有服务过程，分析问题出现在哪个环节。诊断的方法是借助信息流程图或作业流程图来识别界定服务活动，厘清各活动间的逻辑关系和各部门的职责范围，对组织结构、业务规程等进行仔细检查，形成新的信息流程图或作业流程图。在进行服务流程诊断时，以顾客满意度、提高效益为出发点，去评定"应该怎样"进行服务流程，而不仅仅是"怎样"进行服务流程，这样才能挖掘出现有流程存在的问题。像产品质量、产品交货期和服务质量这些影响消费者满意度的问题要重点关注，在提出新的服务流程之后，要让参与人员和专业技术人员考察其可操作性，及时反馈意见进行修改。服务流程再造是否成功将会影响组织绩效，所以，还要交由客户来评判，对消费者意见进行充分收集，确定最终服务流程。

其次，再设计服务流程。服务流程再设计的标准是既要解决原有流程所产生的问题，同时还要设计出一个新的服务流程，这个服务流程并不是渐进的或是局部的改革，而是创新的具有改革效果。在对服务流程设计的同时还要对组织结构进行再设计，使新的服务流程与组织结构相匹配。

服务流程再设计的方法是先确定服务工作的具体目标，根据这个工作目标挨个找出有问题、需要调整的环节，以此来修改整个过程的服务流程。重新打散组织和分工结构，削减不必要的工作内容和环节，使用同步进行工作来提高工作效率，将权力下放，激励员工。在国外有一知名航空公司，凡事都从顾客的角度处理问题，设立了一个顾客投诉中心，在顾客进行投诉时，耐心回复，安抚顾客情绪。同时，将顾客投诉的处理工作下放到各个售票处和机场柜台，授权这部分工作人员及时处理顾客反馈的意见。这样的做法，客服不必要层层反馈，及时安抚了顾客，大大提高了服务质量和顾客满意度，赢得了优质服务的美名。

再次，正确选择实施方案。在服务流程再造时，通常会制订多个备选方案，企业需要在评估各个备选方案之后选择最合适的实施方案。但是，在开展新的服务流程之后，要根据实际情况随时进行修正。当服务流程发生变化之后，组织结构也要进行相应调整，将金字塔型的组织结构改为以小组为中心，扁平化的组织结构。当采用以小组为中心，扁平化的组织结构之后，各部门的员工彼此都以"我们"相称，使员工之间有共同的工作目标和愿景，团队氛围更加浓厚，彼此之间互相尊重、互相信任；同时，工作绩效的评价方法不由上司简单决定而是由下属和同事共同执行。

最后，巩固服务流程再造成果。巩固服务流程再造的成果，需要采用一系列新制度巩固和肯定新的服务流程。管理者要进一步提高自己的管理水平，对员工进行有效的激励，激发员工的工作积极性和保持员工的工作热情。因为当开展新的服务流程时，员工需要更多地参与，及时有效的激励是管理者珍惜服务流程再造成果的表现形式，从根本上肯定了服务流程再造的成果，提升员工的成就感，激发其参与感。同时，定期对员工进行培训，为服务流程再造工作储备力量。

4. 服务流程再造的定位

在服务流程中，各服务环节和服务活动之间都存在逻辑关系，是多种活动的集合，在进行服务流程再造之后，企业也需要根据自己的需要，对服务流程再造进行准确定位。定位包括以下三种方式：

（1）顺序型服务流程。当服务流程再造使一个活动完成之后下一个活动才能继续开始，不同的服务活动之间只存在单向连接关系时，即当收到上游活动的信息输出之后，下游活动才进行信息的输入，这就是顺序型服务流程。顺序型服务流程是指经过服务流程再造后，不同作业活动之间将会受到先后顺序的约束。

（2）并列型服务流程。当服务流程各活动间处于并联关系，各不同作业活动没有信息交互，各活动间相互依赖程度极低时，就是并列型服务流程。并列型服务流程是指经过服务流程再造后，各作业活动之间同时且独立运行。

（3）交互耦合型服务流程。当服务流程的各不同作业活动的服务信息之间存在信息交互，且反复多次进行信息交互，各活动间相互依赖程度高时，就是交互耦合型服务流程。交互耦合型服务流程是指在经过服务流程再造后，两个或多个作业活动之间存在双向的信息交换关系。

第二节 服务员工管理

服务人员是服务质量优劣的决定性因素，对于消费者来说，服务人员是服务的提供者；对于企业来说，服务人员是其内部营销的对象，是企业的内部顾客。由此可见，企业对待服务人员的方式影响着服务人员对待消费者的方式。

一、服务员工管理的内涵

1. 服务人员的作用

不同于有形产品，服务具有不可分离性，制造和消费是同时完成的。在服务过程中，服务的提供者是面对面地向消费者提供服务，这也使服务人员成为服务的重要部分。当企业建立完善的服务支持体系来帮助服务人员更好地完成服务工作时，服务人员的满意度会随之提升，与此同时，服务人员对待消费者会更加有耐心，服务质量大大提升，服务工作的价值显现出来，消费者的满意度也因此而提升。循环往复，消费者对产品和品牌的好感度、忠诚度的提升会使企业的效益提升。由此可见，服务人员是企业效益提升的关键因素之一。

2. 服务人员的分类

在为顾客提供服务的过程中，常常是多个职能部门与顾客接触，如果不同职能部门之间相互推卸责任，顾客感受到的不是耐心的服务，顾客的满意度将会大幅度下降。所以，在开展服务时，企业应该对各部门进行培训，保证部门间的协调配合，让顾客感受到耐心而优质的服务。服务人员是决定服务质量的关键因素，因此，要重视服务人员。服务人员分为两类：一种是与顾客直接接触的服务人员，即一线服务人员；另一种是不与顾客直接接触的服务人员。

（1）与顾客直接接触的服务人员。在消费者眼中，那些与其直接接触的服务人员代表着企业，一线服务人员与消费者直接接触，对消费者的服务体验影响最大，消费者能直观地感受到服务态度。由此可见，一线服务人员是企业最应该重视的群体，通过各种有效的措施让他们更好地做好服务工作。

（2）不与顾客直接接触的服务人员。不与顾客直接接触的服务人员并不直接提供外部服务，而是提供内部服务，这一部分的服务人员往往很难认识到他们的服务也会影响服务质量，并影响企业效益。因为没有直接接触消费者，常常会有一个误区，认为他们的服务对象仅仅是同事，所以采用服务同事而不是服务消费者的方式来进行服务。但他们服务的对象其实也是之前提到的企业的内部顾客，同样会影响企业的业绩。

专栏 5-4

滴滴出行的服务员工管理

1. 企业简介

滴滴出行创建于 2012 年，主营业务是网约车。随着私家车的数量不断增加和共享经济的发展，让更多的私家车主加入网约车的行列。2020

年，滴滴出行已经占据了90%的网约车市场，滴滴司机的数量也正在呈指数增加。无疑，滴滴出行为社会提供了更多的就业机会，与此同时，滴滴出行不断地向外发展，甚至参与到无人驾驶的研究，业务范围不断扩大，慢慢成为一个综合发展的企业。

2. 商业模式

目前，滴滴出行的服务范围已经拓展到了全国，成为一名滴滴司机的门槛也并不高，所以很多车主选择了成为一名滴滴司机或者将滴滴作为自己的副业。截至目前，滴滴司机的数量已突破2600万人，30～40岁的滴滴司机占比50%左右。如何对滴滴司机进行有效管理，就成为一大难题。

首先，招聘管理。滴滴出行的招聘是非常规范的，主要招聘22～50周岁的女性及22～60周岁的男性，同时要求司机有一年以上的驾龄。不仅如此，对使用的车辆也有要求，行驶里程不能超过10万公里、车龄不能超过6年，同时，不能有交通违法或犯罪记录。目前，尽管滴滴司机的年龄结构年轻化，但驾龄超过10年的占40%左右，这些司机拥有丰富的驾车经验，很好地保证了乘客的安全。

其次，培训管理。滴滴出行根据不同的业务类型培训不同的内容。滴滴出行对快车司机采用较为简单的线上培训，而对于专车司机则使用线下培训，培训内容包括职业规范和待客礼仪等。与此同时，滴滴出行还创办了滴滴大学，来为滴滴司机提供专业的培训和学习。如今，滴滴出行每年都举办网约车司机资格证考试，来检查培训效果。这样的培训，规范了滴滴司机的行为，使滴滴出行的服务质量大幅提高。严格的服务流程培训，加上日常的严格管理，让顾客满意度也得到不断提升。

再次，绩效管理。利用大数据，滴滴出行对顾客给滴滴司机的评价和反馈进行系统的分析。结合日常工作表现来对滴滴司机进行绩效管理，顾客的评价作为绩效评价的主要部分，以此来确定其薪酬。顾客的评价可以分为星级评价和标签评价，星级评价是顾客可以简单地给滴滴司机评价等级，而标签评价则可以全面详细地评价滴滴司机的服务质量。滴滴出行会综合这两部分的评价，推出了"滴米系统"，有效规避了拒载行为，实现了滴滴司机之间的良性竞争。

最后，薪酬管理。滴滴司机的绩效考核与其薪酬有直接联系，顾客的评价越好，滴滴司机获得的奖金也越多。但是，顾客评价不是影响薪酬的唯一要素，当滴滴司机完成的订单数量更多时，奖金也会多。但是，奖金的数额也会根据地域、天气的不同动态变化，保证了司机之间的公平竞争，也保障了滴滴司机的利益。与此同时，滴滴出行平台还设置了"小费"功能，如果顾客觉得服务质量良好，可以自主选择给滴滴司机小费。一旦发现滴滴司机为了薪酬出现恶意刷单等不良行为时，会实行严厉的惩罚。奖罚分明的制度，也保障了滴滴司机的工作热情。

正是这样的管理流程，才能在提升顾客满意度的同时，保障滴滴司机的权益。

3. 总结与启示

滴滴出行越来越重视对滴滴司机的管理，致力于维护良好的市场环境。让顾客坐得安心、坐得放心。从对滴滴司机的招聘、培训到绩效和薪酬管理，滴滴出行努力平衡顾客和滴滴司机的利益，在保障顾客利益的同时，也站在滴滴司机的角度考虑，切实保障滴滴司机的利益，让他们保持良好的工作积极性和工作热情。

与此同时，滴滴出行对滴滴司机的服务行为实行更加严格的管控，有效控制了不良事件的发生，在提高企业效益的同时，也有效提高了顾客的满意度和好评度。

（资料来源：作者根据多方资料整理而成）

3. 服务人员两大职能和应该具备的能力

服务人员有两大职能：一是努力说服客户实施购买决策；二是站在客

户的角度，紧扣客户的心理，与消费者保持良好的关系。

服务人员要想完成这两个工作目标，就需要具备一定的技能，主要包括促成购买决定的能力、内在的激励、自我约束的工作习惯、同顾客建立关系的能力。

二、服务员工内部营销

1. 内部营销的内涵

简单来说，内部营销就是将组织员工视为顾客。服务人员内部营销就是将服务人员看作企业的内部顾客，像对待消费者那样对待服务人员，让他们能够更好地服务顾客，将组织规章和组织本身等以促销形式传递给服务人员，这样他们能提高服务的参与度。同时，能巩固其营销意识，这样一个相互了解的营销组织，通过有效的营销手段，就能高效地完成外部营销活动。

2. 内部营销的内容

管理内部营销主要通过沟通管理和态度管理。沟通管理主要是信息沟通，有利于后勤人员、一线服务人员和管理者及时、有效地进行信息沟通，这样能够更好地完成他们的工作，服务于外部顾客和内部顾客。态度管理则主要是管理服务人员的态度，树立良好的服务意识，提高服务质量和服务价值。

3. 内部营销的程序

（1）完成内部营销的准备工作。内部营销是企业战略管理的重要组成部分，所以整个过程都应该要得到服务管理层和组织结构的支持，内部营销是优质服务的保证，管理层要不遗余力地支持内部营销工作，确保其顺利展开。

（2）重塑组织结构。要想完成内部营销工作，一方面要重新调整企业的组织结构，将金字塔结构向扁平化调整。另一方面要完善企业服务规章制度，建立高效的工作流程。

（3）招募服务人员。招募服务人员是完成内部营销最重要的工作。通过心理测试、面试和情景模拟等一系列有效手段招聘高素质的服务人员，重点考察其服务能力。

（4）培训服务人员。服务人员的培训是十分重要的，要及时对服务人员就企业文化和目标、基础服务知识和服务态度进行培训。这些都是开展服务工作应该要具备的，如果服务工作开展之前，没有进行有效的培训，那么尽管有有效的激励手段，也不能达到企业的最终目标。

（5）激励服务人员。激励政策不同于其他人力资源政策，有效激励能提升员工的工作积极性，然而，无效激励会给企业带来负面影响，激励政策是带有一定风险性的。所以，服务组织应该根据自身的实际情况，谨慎实施激励措施和激励政策。

（6）授权服务人员。有效激励是一方面，另一方面还需要给服务人员授权，将权力下放，才能够及时安抚顾客，大大提高服务质量和顾客满意度。在授权时要注意以下几点：一是同时授予权力和责任；二是分散小权而集中大权；三是授权的同时也要控制权力。

（7）管理支持和内部的互动沟通。在内部营销工作中，沟通管理十分重要，各级管理者之间要进行充分有效的沟通，让彼此尽量了解更多的信息来支持自己的工作。同时，各级管理者也要充分支持服务人员内部营销工作。

（8）改善服务环境。服务环境的改善，同样能够提升服务人员对待消费者的态度，这也是提升内部服务的关键要素之一。优越的服务地点、智能的服务设备、定期进行服务设备的更新和维护都能帮助服务工作效率的提升。

三、服务员工授权

1. 授权的含义

传统的管理方法和手段对于现代服务企业来说是远远不够的,在留住回头客的同时吸引潜在客户,是企业的难题之一。在现代管理思想中,授权是高效完成服务工作的新途径。授权就是将一部分权力下放,让部分服务人员能够自主做决定。通过授权,服务人员在面对消费者时独立性更强、决策权限更大,有利于在实际操作中提高服务质量和顾客满意度。

当服务人员提供服务时遇到不在规章之内的问题时,如果服务人员频繁地请示上级,既给上级增加工作任务,也容易引发顾客的不耐烦。授权使一线服务人员能独立自主地解决一些突发问题,规避了反复沟通而浪费时间的问题。但是,授权并不意味着将所有权力下放,管理层在授权的同时还要控制权力,在授权的同时要明确责任,做到责权对等。

2. 授权的要求与意义

企业文化是企业核心价值观的体现,企业目标则是企业所有员工共同的愿景和期望。授权应该要体现在企业文化和企业目标之中,当企业给服务人员进行授权时,企业要向服务人员明确说明,让员工知道企业将权力下放给他们,他们能够对部分问题进行自主决策。与此同时,授权之后,要对服务人员进行培训,让他们清楚自己的权力和责任范围,面对突发情况时如何应对。最好的方式是有一份正式的书面陈述。

3. 授权给服务人员时应该注意的问题

授权给服务人员时应该注意以下问题:将目标制订出来,描述出组织目标,告诉组织成员会获得的好处;给予员工自主选择是否接受授权的权力,尊重员工;及时推广和奖励授权产生的积极效果;坚持长期授权。

第三节　顾客服务与顾客关系

顾客服务的观念不应该只局限在服务过程中，而应该贯穿企业活动的全过程，从产品生产、研发、设计到销售都应该遵循以顾客为中心，努力满足消费者的需求，提升营销效果。企业内部应建立一个专门的顾客服务组织，这样才能使顾客服务贯穿始终，提高顾客满意度。

一、顾客服务与关系营销

1. 顾客服务的内涵

简单来说，顾客服务包含了能提高顾客满意度的全部内容。顾客服务的服务对象和内容更加的广泛，其服务对象包括所有现实顾客和潜在顾客，服务内容包括售前服务和售后服务，其核心是以顾客为中心。其目的是提高顾客满意度，从而提升服务价值，有效提升企业的竞争力。

2. 顾客服务的机制

只有当企业遵循顾客服务的机制时，才能够实现顾客服务的作用。

（1）沟通机制。顾客服务要求企业要与顾客进行及时有效的沟通，这个沟通并不是单方面的。企业既要能用消费者易接受的方式向消费者提供信息，也要能及时收集消费者的反馈信息，只有这样，消费者才能够信任企业。当消费者面对一些促销活动时，就会更容易接受。

（2）可靠机制。顾客服务要求企业的可靠性，即企业能完成自己承诺的服务和活动。保证产品质量，保障服务品质，让顾客信赖企业。服务内容和服务质量从一而终，不会因为购买产品的大小或服务人员的不同而有所变化，这样能够提高顾客的好感度和忠诚度，从而赢得企业效益的提升。

（3）反应机制。随着信息技术的发展，市场是在不断动态变化的。因此，企业要及时做出调整和更新：一是对市场及行业环境的变化要做出反应，这样能够更准确地把握市场行情；二是对顾客的需求要及时做出反应，当察觉到顾客的不良情绪之后要及时进行安抚。这样才能提高顾客的认可度，提升企业的竞争力。

（4）接近机制。接近机制就是企业要尽可能地拉近和顾客之间的距离，这样才能够进入顾客群体的内部，在更准确把握顾客需求的同时，顾客对于服务也更容易接受。当顾客在面对突然的服务时，通常是处于防备的心理，而要想做好顾客服务，就需要服务人员与顾客之间相互依赖、相互信任。

（5）保障机制：顾客服务中的保障机制就是我们通常说的售后服务，售后服务会使商品增值，让消费者切身感受到物有所值。保障机制包括对产品质量、产品价格、产品安全等的保障，完善的保障机制让顾客购买产品时更加的放心，同时也会增加其成为回头客的概率。

（6）胜任机制。胜任机制对服务人员的素质提出了更高的要求，服务人员要尽可能地回复并解决顾客提出的问题，在售前给顾客提供咨询服务，售后提供保障服务。如果服务人员具备较高的胜任力，自然能提升顾客的满意度和忠诚度，因此，企业应对服务人员进行系统的培训，确保其胜任力。

（7）满意机制。顾客服务的宗旨就是要提高消费者的满意度，上述的六大机制就是为满意机制服务的。当遵循六大机制进行顾客服务时，满意机制自然也就达到了。提供让顾客满意的服务，就能大大提升服务价值。

3. 顾客服务的内容

顾客服务的内容广泛，对于不同行业来说，顾客服务的内容也是不同的如接待并了解顾客需求、提供咨询和建议服务、售后保障服务、供应零配件服务、调试和安装服务、培训产品使用服务、检修服务、其他服务。

4. 顾客服务的产出

通常可以将服务视作一个投入和产出的过程，同样，顾客服务的投入，在产出顾客满意度的同时，还能带来经济效益。

（1）创造顾客。顾客服务能够提高消费者的忠诚度和满意度，获得长期而稳定的客户群体。与此同时，通过口碑效应，老顾客能影响新顾客，挖掘出更多的潜在顾客。优质的服务会提升产品的性价比，让顾客感觉到物有所值。

（2）创造人才。顾客服务对服务人员也有更高的要求，需要服务人员具备优质的服务态度和营销能力。以顾客服务为目标的企业，也会花更多的心思对服务人员进行培养。

（3）创造业务。顾客服务需要企业及时准确地了解顾客的需求，这就要求企业能够准确把握市场环境，在了解市场行情变化的过程中，企业也能开辟新业务。与此同时，服务业务的优化也为企业创造了提高效益的新业务。

（4）创造效益。扩大消费者群体、培养高素质的服务人员和拓展新业务，随之而来的就是企业效益的巨大飞跃。

5. 关系营销的概念

广义的关系营销是企业与顾客、渠道商、竞争者、政府部门等建立良好的关系，将建议关系、发生互动的过程看作营销过程。狭义的关系营销专指企业将与顾客建立良好关系的过程视作营销活动。

关系营销的主要特征有：一是与这些公众进行充分的沟通，彼此进行信息的分享和反馈；二是通过合作实现共赢；三是通过有效的手段对维持的良好关系进行控制。

关系营销的原则有：主动沟通原则、互惠原则、承诺信任原则。

6. 关系营销的模式

关系营销是以顾客满意度和顾客忠诚度为中心，通过调查来分析顾客需求，通过顾客服务来维系与顾客的关系。与此同时，通过设置梯度来推进关系营销：一级关系营销满足顾客对价格的需求；二级关系营销满足顾客对社会利益的需求；三级关系营销通过与顾客建立结构性关系来满足顾客的需求。最终，来实现关系营销的价值。

7. 关系营销的实施

（1）组织设计。企业要建立一个专门的部门来负责协调内外部的关系，使部门之间团结协作，员工之间默契配合，与此同时，还要负责收集来自各方的信息，做好信息处理和信息发布工作。

（2）资源配置。关系营销的资源配置主要包括信息资源和人力资源，通过更新技术来实现信息的配置，通过培训、轮岗等实现人力资源的配置。通过资源的配置来提升企业的竞争力。

（3）提升效率。在进行关系营销时，企业首先要提升沟通效率，要与多方进行信息的双向沟通，就需要提高沟通的效率和质量。其次要提升工作效率，使企业实现良性运转。

二、顾客关系管理

1. 顾客关系管理的内涵

顾客关系管理简称CRM，其核心是顾客的价值管理，通过个性化的营销方式，尽可能地满足不同顾客的需求，通过顾客价值的提升来提高市场占有率。市场需求的力量，不断更新的信息技术和管理理念的更新推进了顾客关系管理的发展。如今，顾客关系管理成为企业工作的一个解决方案，结合了最新的信息技术，内含顾客关怀、顾客服务和市场营销等。其目的是留住老顾客，吸引新顾客；不断开拓市场；提升企业效率。

2. 顾客关系管理的工作

在顾客关系管理中需要运用一定的信息技术来提升营销的自动化，进行有效的顾客服务和支持来改善企业的顾客关系管理，除此之外，企业还需要：

（1）识别客户群体。在进行顾客关系管理时，要详细收集顾客信息，如姓名、性别、购买偏好等，将这些信息录入系统中，并定期更新。

（2）对顾客进行差异性分析。将顾客进行分类，可以根据不同类型的顾客推送不同的产品信息。

（3）与顾客建立良好的关系。把握住每一次和顾客进行沟通交流的机会，对于顾客反馈的信息要做好记录，重视顾客投诉，站在顾客的立场与顾客进行交流。

（4）不断满足顾客变化的需求。要尽量满足顾客的个性化需求，及时调整或更新产品来应对顾客需求的不断变化。

专栏 5-5

天猫商城的客户关系管理

1. 企业简介

天猫商城是专业的线上综合购物平台，也是全球消费者的购物之城。它的出现引领了中国消费者第一时间发现并体验全球化和更优质的生活方式。2020年天猫"双11"最大的变化是提前开售并延长售卖期，从11月11日一天活动期，提前到11月1日开售，设置11月1—3日和11日两个售卖期。同时，在2020年天猫"双11"主会场上，天猫超级品牌日迎来了天猫"双11"主会场的首秀，并且携百大超级品牌单品及预售特权，以"超级大牌，挺你所想"为主题，开启了2020年天猫"双11"的预售。这样一来，不仅商家能进行及时补货，用户的选择和购买也会更从容。

2. 商业模式

天猫商城是线上交易平台，用户主要包括买家和卖家，所以需要平衡买卖双方的利益。天猫商城从完善内部制度到技术支持，为客户关系管理工作付出了很大的努力。

首先，商品提供方面。为了让消费者能够放心购买商品，天猫商城为的卖家入驻控制是非常严格的，对产品种类、产品质量和产品价格等层层把关，在提供丰富产品的基础上，保障消费者的合法权益。在最近几年，大量的国内外知名品牌入驻天猫商城，使消费者的选择更多。随着人们生活水平的不断提高，网络购物更加的普及，除了购买生活必需品之外，网购带给人们的是精神层面的满足。天猫商城牢牢抓住了消费者的心理，无论是产品种类还是产品价格都能满足消费者的需求。每年的"双11"，天猫商城通过价格调整及各种优惠活动，来刺激顾客消费。根据调查显示，在天猫"双11"活动中，价格属于历史最低价的产品高达70%，这样的优惠价格相较于其他平台，极具吸引力。

其次，服务方面。一是保障产品质量，入驻天猫商城的商家保证所有产品都是正品，没有假冒伪劣产品进入商城，这样能让消费者放心购买，与此同时，还推出了正品险，当消费者认为买到假货时可以申请理赔；二是及时的售后服务，天猫商城的产品支持七天无理由退货，同时还有运费险，如果消费者认为有不合适或是不满意的地方，可以支持退换。如果商家不受理，淘宝会会自行介入，以此来保障消费者的合法权益；三是天猫商城能够对商家的信用进行统计，当消费者进入商家店铺，就能直观地看到商家的信誉等级，里面包含详细的商家信用信息，消费者可以结合商家的信誉等级来做出购买决策。在保障顾客的利益的同时，为商家进行担保，这样也能在一定程度上保护商家。与此同时，天猫商城要求交易的透明化，对违反规定、恶意刷单的商家有严厉的惩罚制度。这一系列举措，都在一定程度上规避了风险。

最后，技术支持方面。一是信用评价体系，让交易公开化、透明化；二是配套的物流服务，让顾客在下单后的三天内就能拿到物品，同城甚至半天就能送达，同时，天猫商城与物流公司进行沟通，达成协议，每天增加100万单左右，拉动了物流业的发展。为了缓解"双11"带来的物流压力，这两年，天猫商城展开预售服务，顾客交好定金，等到"双11"的零点再付尾款，当顾客交定金后，物品就已经在路上了；三是定制化的服务页面，通过互联网和大数据，天猫商城根据顾客的浏览频率和喜好设定了定制化的服务页面，准确把握消费者的购买意愿和购买需求。对于消费者来说，天猫商城是他们的保障，而天猫商城也给了消费者很好的反馈。

3. 未来发展

天猫商城因为其正规化和规模化的购物模式赢得了消费者的喜爱，同时，准确把握顾客需求，良好的口碑传播也让越来越多的顾客了解并支持天猫商城。在未来，天猫商城更是要合理利用它的优质资源，保持持久的竞争力。对顾客实施科学分类管理，用发展的眼光看待顾客，保护客户信息，将原本掌握在商家的客户信息集中到天猫商城中，使天猫商城能够持续、长久的发展。

（资料来源：作者根据多方资料整理而成）

3. 顾客关系管理的步骤

在实施顾客关系管理时，需要按照以下步骤进行：一是进行目标制订，确定通过顾客关系管理要达成哪些目标；二是建立员工队伍，建立一支专业的队伍来完成顾客关系管理工作；三是评估工作流程，在正式开始顾客关系管理工作时，管理层要评估工作的合理性；四是明确功能，站在一线人员的基础上，明确所需要的功能；五是选择供应商，选择最合适的软件和硬件供应商；六是开发和部署，进行员工培训和系统预测试。

4. 顾客关系管理所需要的关键因素

顾客关系管理的成功离不开几个关键因素：一是高层管理者的支持和团队成员之间的配合，高层管理者要积极支持开展工作，做好思想动员工作，团队成员之间的配合能够提高工作效率；二是技术的运用和流程的设计，顾客关系管理工作离不开信息系统的支持，但不能过分关注技术，兼顾工作流程，制定出高效的政策；三是系统的整合，一步步地完成工作计划，集合各部分来提高顾客关系管理工作的有效性。

三、顾客关系管理的误区及改进措施

在企业的实际操作过程中，顾客关系管理存在一定的误区，下面具体分析顾客关系管理误区和改进措施。

1. 盲目引进顾客关系管理

很多企业在引进顾客关系管理之前没有对项目风险及投资回报进行系统的分析，对引入顾客关系管理的必要性也没有进行分析。只是盲目地引入顾客关系管理系统，认为其能够帮助企业完成一些工作，但从一开始，企业对顾客关系管理的认识就是错误的，没有进行很好的定位，使引入顾客关系管理后，没有达到预期的目标。

所以，企业在引入顾客关系管理工作时，要对自身发展进行定位，做出系统的分析，再来决定是否实施顾客关系管理。

2. 盲目选择供应商

有些企业在引入顾客关系管理后，便认为其功能越多越好，而不分析企业的实际发展情况，一味地认为这些硬件系统能够解决企业目前遇到的所有问题。所以，盲目地选择供应商，从供应商那花高价购买硬件和软件系统，使成本提高，操作难度增大。

在选择供应商时，企业要清醒地认识到硬件、软件系统仅仅是辅助功能，并不是根本的解决方案。技术只是达成目标的手段，顾客关系管理是由技术推动，但并不是指依赖技术。所以，企业应该先明确顾客关系管理要达到的目标，再依据目标选择需要的功能和系统。合理的控制成本，做出最明确的选择。

3. 在进行顾客关系管理时缺乏员工和顾客的参与

有些企业在实施顾客关系管理时，忽视员工的参与。顾客关系管理是服务于顾客的，员工必须要了解其详细流程，这样员工才能更好地完成工作。与此同时，部分企业在实施顾客关系管理时，缺乏顾客的参与，而将全部的精力都放在了技术上，企业要明确的是顾客关系管理是以顾客为中心的，而非以企业为中心，为顾客关系管理所完成的全部工作都应该站在顾客的角度。

在实施顾客关系管理之前，企业应该对员工进行有效的培训，让其详细了解工作流程，参与进来，充分利用员工的力量来共同完成顾客关系管理工作，收集员工意见，做出改进调整。企业还应向顾客收集信息，让顾客共同参与，必要时对顾客进行培训，让顾客也能了解顾客关系管理的业务流程。

4. 企业对顾客关系管理的认识存在误区

有些企业单纯地将顾客关系管理作为一个数据库，但顾客关系管理只是企业为了提高顾客满意度，从而提升企业效益的手段和工具。有些企业认为顾客关系管理仅仅是一个统计营销模型，但顾客关系管理却是通过模型来分析收集到的客户信息，从而得出合适于企业的营销策略。也有些企业将顾客关系管理当成个性化营销方法，但是顾客关系管理凝聚了新的市场营销管理理论，它的核心是通过顾客关系管理来有效改善与顾客的关系，而不会像其他营销策略那样，能够进行市场细分。

> **章末案例**

华为构建立体式客户关系

1. 企业简介

华为创建于1987年,目前,已经拥有超过19万的员工,业务范围扩大至170多个国家和地区。始终坚持以客户为中心,经营业务也是为客户服务,致力于带给客户优质的服务体验。华为构建了一套独特的客户关系网络——立体式客户关系,通过立体式客户关系实现客户满意度的不断提升,从而使企业效益实现巨大飞跃。

2. 商业模式

在华为的经营管理中,始终坚持以客户为中心。以客户为中心并不仅仅是一句口号,而是要真正将其付诸实际行动。1997年,华为就明确了以客户为中心的企业核心价值观。在华为,从上到下都遵从客户至上这一服务理念。

摩根士丹利首席经济学家斯蒂芬·罗奇带领一个机构投资团队到华为进行投资考察,任正非只是安排负责研发的常务副总裁费敏代表自己进行接待。事后,罗奇有些失望:"他拒绝的可是一个3000亿美元的团队。"对此,任正非回应道:"罗奇又不是客户,我为什么要见他?如果是客户的话,再小的职位我都会见。他带来机构投资者跟我有什么关系?我是卖设备的,就要找到买设备的人。"正是任正非的带领,其手下员工也都是将客户利益看得比其他都要重要。开拓非洲市场的时候,华为员工经常遇到这种情况:西方大公司的通信设备出故障了,客户却致电华为的技术人员，要求帮忙维修。之所以如此，是因为之前客户给设备原厂家打电话时，对方要么不来，要么就要等很久。而华为的技术人员随叫随到，即便不是自己的设备也愿意免费帮忙维修。

华为的客户关系经历了四个阶段：第一阶段主要是利用优秀的销售与关键客户建立良好的关系；第二阶段是由于市场部的员工大规模辞职，华为首先提出普遍客户关系；第三阶段是华为采购模式发生了巨大变化，原有的客户关系不能满足现在的市场环境，由此引入组织客户关系；第四阶段，吸取之前的发展经验，华为构建了一套完整立体的客户关系管理体系——立体式客户关系。

立体式客户关系的构建是公司能取得成功的有利支撑。所谓立体式客户关系，就是将客户关系构建在地基坚实、支撑到位的基础架构上，让企业向客户展现综合实力，呈现给客户带来的价值，最终获得客户认可。立体式客户关系主要包括关键客户关系、普遍客户关系和组织客户关系这三个层面。关键客户关系是立体式客户关系中的点，决定着公司能否在客户那获得初始订单，决定着公司能否活下去，影响着业务的成功。关键客户关系会对一些战略型或是格局型的项目产生巨大影响。普遍客户关系是立体式客户关系中的面，决定着是否能获得良好的口碑，以及能否拓展市场，决定着企业活得好不好。普遍客户关系在一定程度上会影响组织客户关系。组织客户关系是立体式客户关系中的势，决定着企业能否活得长、走得远。当企业能与最有价值或是最关键的客户建立良好的组织客户关系时，企业就能长久的生存发展，成为行业的佼佼者。

（1）关键客户关系。

关键客户关系是基于商业目的与客户建立关系，以是否达成商业目标为关键。这个客户群体能够帮助公司获得大型项目的成功。这样的合作不同于以合同为基础的买卖，它表现在客户对这个项目的支持度，并不存在字面上的某种协定。评价关键客户关系好坏的两个维度是支持度和亲密度，华为在这两方面采取的做法是：尽力帮助顾客去解决经营中遇到的问题，通过自身专业的素质和能力来助力客户取得事业成功，在某些关键产品或是关键解决方案上，甚至与客户共同合作。这样的方式帮助客户成功，从而使自身的项目成功。与此同时，这样做能够让关键客户更加支持公司，提升彼此之间的亲密度。华为对客户经理的要求是，首先要风趣幽默，能够吸引顾客；其次能够传递给客户有价值的产品或信息；最后能赢得客户的信任。

（2）普遍客户关系。

任正非认为，只有围着客户转，了解客户在想什么才能真正做到以客户为中心。因此，在华为曾有一项特别的规定，要求副总裁以上的全体高管每周见客户的次数不能少于5次，坚持拜访客户，与客户充分进行的沟通交流，深入了解客户的需求，这一项工作专门由客户关系管理部考核。这样围着客户转的方式其实是让客户能够帮助公司进步，客户能发现内部无法发现的问题。

除此之外，华为创立了"挖土豆"团队，"挖土豆"其实就是寻找业务增长点。团队成员专门在地市本地网寻找机会点，或者跟运营商一线市场人员一起寻找业务增长点。这也是运营商投资普遍下滑而华为能实现业绩增长的原因。提前去收集关键信息，就能够进行准确的产品开发和业务布局，实现行业内技术的领先。提前进行技术测试，就能够在投标的时候领先竞争对手，带来的商品溢价能够使企业盈利。

流程化、制度化的普遍客户关系构建，体现了华为的经营理念：把客户关系的基础打牢，不要着急，要构建稳固的普遍客户关系。

（3）组织客户关系。

华为将目标客户分为了四类：S类、A类、B类和C类。其中，S类和A类是重点客户，S类是战略型客户，A类是伙伴型客户。对于战略型客户和伙伴型客户，要花更多的时间和精力去了解，不只是看项目和机会，而是要站在客户的立场思考，通过深入了解客户所处的行业，分析客户经营的业务来判断客户的发展前景。

对于组织客户关系管理来说，其目标就是要与公司的重点客户建立战略合作伙伴关系，要想真正建立战略合作伙伴关系，就要不断提升自己的综合能力，与此同时，结合自身发展情况，判断能否给客户带来利益和价值。除此之外，还要判断企业目前的产品和服务是否在客户的业务范围内属于主流业务。因为公司和公司之间的合作也讲究的是"门当户对"，需要有契合的企业文化和企业价值观，能够对彼此的发展认同。如果企业认为客户的发展战略与企业背道而驰，那么尽管该客户能创造营业收入，企业也应该收回部分资源和资金，投入到价值更大的客户上。

要想拓展组织客户关系，主要就是通过战略对标会议、签署战略合作协议、建立联合创新中心和高层带队互访等。这样的方式能够与客户进行紧密联系，甚至是彼此共享知识产权，实现共赢。

在进行立体式客户关系的构建之后，还要对客户关系进行客观的考核和评价。一方面，人均利润等指标的量化考核；另一方面，客观评价。评价的内容主要包括客户能否接受企业的战略，企业战略和目标是否达成；客户关系是否改善，是如何提升的；有没有详细了解客户信息并做好管理；是否履行了对关键客户的责任；调查客户满意度；规范与客户之间的接触；是否及时解决了顾客反映的问题；是否及时记录了高层管理者走访客户的详细过程。

3. 经验总结

华为构建立体式客户关系的过程告诉我们，解决客户关系这一问题就是精准地把握客户的需求，对客户的需求给予解决方案。华为用自身经历告诉了我们该如何去挖掘顾客的需求，首先，找准客户最在意的业务；其次，帮助客户去渡过难关；再次，深入了解客户的企业文化和核心价值观；最后是周期性的去评估客户需求，定期更新客户信息。这样才能准确了解客户需求，从而与客户构建良好的关系，带来企业长期的利润增长。这一系列行之有效的策略和制度，让华为在行业中脱颖而出。

(资料来源：作者根据多方资料整理而成)

本章小结

服务是一种无形产品，能够给消费者带来更大的满足和利益，使产品发挥出更大的价值。对于服务营销来说，服务的特征具有十分重要的意义。服务的特征主要包括不可分离性、不可感知性、不可储存性和品质差异性。服务管理包括服务流程管理、服务员工管理和顾客服务。

参考文献

［1］ 安克勤．对做好办公室工作的探讨［N］．呼和浩特日报（汉），2012-8-8.

［2］ 安娜．联想集团品牌资产研究［D］．哈尔滨：哈尔滨工业大学，2015.

［3］ 毕夫．华为，为什么不上市？［J］．中外企业文化，2013（7）．

［4］ 陈艾．A公司客户服务流程优化探讨［D］．成都：西南财经大学，2018.

［5］ 陈雷．基于顾客价值的企业客户关系管理研究［D］．西安：长安大学，2007.

［6］ 陈淑文．雅居乐潘智勇：以"共享思维"获取管理红利［J］．商学院，2020（11）．

［7］ 陈晓辰．市场化水平、研发投入与创新绩效关系研究——以高技术企业为例［D］．北京：北京交通大学，2020.

［8］ 陈祝平，郭强，王文怡．服务营销管理［M］．北京：电子工业出版社，2017.

［9］ 陈祝平．市场调研与分析［M］．上海：上海大学出版社，2004.

［10］ 程丹．提升全业务链投行服务能力，强化券商风险管理水平［N］．证券时报，2020-12-26.

［11］ 程晓，邓顺国，文丹枫．服务经济崛起："互联网+"时代的服

务业升级与服务化创新［M］.北京：中国经济出版社，2018.

［12］崔新坤.服务企业网络组织的建设模式与方法研究［D］.天津：天津理工大学，2009.

［13］单福彬.给予顾客价值的企业客户关系管理研究［D］.南宁：广西大学，2005.

［14］翟元元.B站COO李旎的人生马拉松［J］.创业邦，2020（4）.

［15］丁嫣然.基于顾客满意度测评分析的苏宁云商顾客关系管理研究［D］.桂林：广西师范大学，2018.

［16］郭国庆.服务营销［M］.4版.北京：中国人民大学出版社，2017.

［17］郭丽，田原.基于顾客认知价值的企业产品定价［J］.渤海大学学报：哲学社会科学版，2010，32（1）.

［18］郭廉双.提高纤检工作服务质量"九要点"［J］.中国纤检，2012（17）.

［19］胡继磊.柔婷公司服务营销与顾客抱怨管理的应用研究［D］.天津：天津大学，2006.

［20］黄东辉.价格歧视的法律规制探析［D］.上海：华东政法大学，2006.

［21］黄劲松.整合营销传播［M］.北京：清华大学出版社，2016.

［22］姜永斌.智能语音引领人机交互新模式［N］.中国纪检监察报，2019-7-22.

［23］李光斗.服务是门最高级经济学［J］.董事会，2013（8）.

［24］李光斗.知识产权的欠账单［J］.董事会，2013（10）.

［25］李光斗.中国企业迎来并购潮［J］.董事会，2013（9）.

［26］李慧."互联网+"背景下企业营销创新策略研究［D］.北京：北京邮电大学，2018.

［27］ 李克芳，聂元昆．服务营销学［M］．北京：机械工业出版社，2015．

［28］ 李克芳．内部营销与人力资源管理的整合模型［J］．云南财经大学学报，2011，27（6）．

［29］ 李蕾，郑秋菊，宋达．基于电子商务背景下苏宁云商案例分析［J］．东方企业文化，2013（12）．

［30］ 李娜，魏巍．我国生产性服务贸易国际竞争力影响研究——基于BP神经网络实证分析［J］．科技与经济，2020（6）．

［31］ 李鹏．KM航空公司公务采购机票项目的服务营销策略研究［D］．昆明：云南财经大学，2020．

［32］ 李苏，韩科锋．农产品营销中市场细分策略应用［J］．商业时代，2004（15）．

［33］ 李巍．服务营销管理：聚焦服务价值［M］．北京：机械工业出版社，2019．

［34］ 林建煌．服务营销与管理［M］．北京：北京大学出版社，2014．

［35］ 刘娜．A教育培训公司乐高市场营销策略研究［D］．呼和浩特：内蒙古大学，2019．

［36］ 刘雨．民航部件维修质量管理信息系统开发［D］．成都：电子科技大学，2010．

［37］ 刘致良．对深圳餐饮业的思考［J］．四川旅游学院学报，2002（1）．

［38］ 龙志毅．益阳市工商银行电子银行服务营销策略研究［D］．长沙：湖南大学，2009．

［39］ 陆雄文．管理学大辞典［M］．上海：上海辞书出版社，2013．

［40］ 马莉，付同青．产品定价方法及其运用［J］．价格月刊，2004（7）．

[41] 梅葆玖. 京剧折服世界［N］. 社会科学报，2004-10-28.

[42] 那彬. 奥迪品牌售后服务竞争力研究［D］. 天津：天津大学，2002.

[43] 齐天骄，熊永睿. 从阿里巴巴看电商未来发展［J］. 商情，2014（16）.

[44] 秦国政. 创新投资者关系管理［J］. 中国有色金属，2012（1）.

[45] 邱苗苗. 基于顾客忠诚的饭店服务补救体系研究［D］. 青岛：中国海洋大学，2009.

[46] 任伟奇. 天猫顾客关系管理的经验及其对我国互联网企业的启示［D］. 桂林：广西师范大学，2016.

[47] 苏朝晖. 服务的不可储存性对服务业营销的影响及对策研究［J］. 经济问题探索，2012（2）.

[48] 苏朝晖. 服务的特性及其对服务业营销的影响［J］. 生产力研究，2012（6）.

[49] 苏朝晖. 服务营销与管理［M］. 北京：人民邮电出版社，2019.

[50] 苏君华，邵亚伟，姜璐. 顾客画像运用于档案馆精准服务：现状、业务流程及策略［J］. 档案学研究，2020（6）.

[51] 苏甦. 基于顾客价值的顾客忠诚培育途径探析［J］. 时代经贸（下旬刊），2008（3）.

[52] 陶力，洛赛. 拼多多入局AI农业：数字化场景的一次预告［N］. 21世纪经济报道，2020-7-31.

[53] 童雪冰. 邮政储蓄银行郑州林科路支行服务质量改进研究［D］. 郑州：河南财经政法大学，2016.

[54] 汪旭晖，张其林. 多渠道零售商线上线下营销协同研究——以苏宁为例［J］. 商业经济与管理，2013（9）.

[55] 王枫. 滴滴出行服务员工管理剖析［J］. 现代营销：经营版，

2020（12）.

［56］王琳琳.Z银行国际结算服务管理改进研究［D］.大连：大连理工大学，2016.

［57］王惟一."小红书"为啥让总理念念不忘?［N］.大河报，2015-10-10.

［58］王小平.服务企业竞争力研究［D］.天津：天津大学，2002.

［59］王晓林.银行典型网点FS支行的客户细分及客户价值分析［J］.现代商业，2014（20）.

［60］王照鑫.春秋航空服务营销策略研究［D］.天津：天津大学，2017.

［61］王周玉.基于差异化的平台企业价格竞争研究［D］.大连：大连理工大学，2011.

［62］夏晖.北京银行上线"京惠云"普惠拓客平台［N］.首都建设报，2021-1-14.

［63］谢世清，何彬.国际供应链金融三种典型模式分析［J］.经济理论与经济管理，2013（1）.

［64］熊英.服务补救管理研究［D］.武汉：武汉理工大学，2007.

［65］徐晓红.服务接触中刻板印象对感知服务质量的影响［D］.长春：东北师范大学，2011.

［66］闫明月.新发展格局下路网运行监测体系建设发展研究［J］.交通运输部管理干部学院学报，2020（4）.

［67］杨波.基于服务质量视角的管理信息系统研究——以广西广电网络公司为例［D］.南宁：广西大学，2013.

［68］杨洁.第三方互联网交易平台服务费定价机制研究［D］.重庆：重庆理工大学，2016.

［69］易宪容.构建适应经济增长新模式的现代金融服务体系［J］.人民论坛·学术前沿，2020（1）.

［70］张蓓.服务"中小微"就得"精准实"［N］.新疆日报（汉），2020-12-27.

［71］张浩清.服务营销中的需求波动及其管理［J］.河南工程学院学报：自然科学版，2003（2）.

［72］张建利.房地产客户经营理论与策略研究［D］.西安：西安建筑科技大学，2007.

［73］张丽.2021年家电行业的未来式：打好"服务"牌，用创新服务驱动差异化发展［J］.家用电器，2021（2）.

［74］张锐.华为为何不愿上市［J］.资本市场，2013（8）.

［75］张秀红.呵护企业的忠诚顾客［J］.中外企业文化，2012（10）.

［76］张勇强，何超."京惠云"如何体现金融服务"普"与"惠"［N］.中国城乡金融报，2021-1-20.

［77］张正元.互联网思维下的营销模式研究——以小米公司为例［D］.广州：广东外语外贸大学，2014.

［78］赵晋平.中国经济增长前景与人口老龄化问题研究［M］.北京：经济科学出版社，2013.

［79］赵巍.春秋航空：打造"高性价比"的行业标杆［J］.大飞机，2017（3）.

［80］郑锐洪.服务营销：理论、方法与案例［M］.北京：机械工业出版社，2019.

［81］郑夕玉.互联网背景下我国消费金融发展研究——基于美国发展模式的启示［J］.技术经济与管理研究，2020（12）.

［82］周军.电信行业服务接触对顾客关系的影响研究［D］.天津：天津理工大学，2009.

［83］克里斯廷·格罗鲁斯.服务管理与营销［M］.3版.韦福祥，姚亚男，等译.北京：电子工业出版社，2008.

［84］卡尔·凯斯.经济学原理（下）［M］.李明志，等译.北京：中国人民大学出版社，1994.

［85］佩恩.服务营销［M］.郑薇，译.北京：中信出版社，1998.

［86］瓦拉瑞尔·泽丝曼尔，玛丽·乔·比特纳，德韦恩·格兰姆勒.服务营销［M］.6版.张金成，白长虹，等译.北京：机械工业出版社，2015.

［87］Gröroos C.A Service Quality Model and its Marketing Implication［J］.European Journal of Marketing，1984，18（4）.

［88］John Francis Trout.Repositioning: Marketing in an Era of Competition，Change，and Crisis［M］.New York：McGraw-Hill，2010.

［89］Xiaoye Shi.Analysis of ByteDance with a Close Look on Douyin［J］.ETH zurich，2019（6）.

［90］Yunli Guo. Business Strategy Analysis［J］.Journal of Business Theory and Practice，2018（1）.

数字营销系列

《互联网思维：
直播带货的运营法则》

作者：余来文　甄英鹏　苏泽尉　叶萌
定价：58.00元

《营销管理：
新媒体、新零售与新营销》

作者：余来文　甄英鹏　黄绍忠　陈龙
定价：58.00元

《视频号运营：
商业变现的营销法则》

作者：叶萌　余来文　吴树贤　梁龙
定价：65.00元

《直播变现：
数字电商的流量法则》

作者：余来文　洪波　苏泽尉　陆欣宇
定价：65.00元

《数字品牌：
新商业、新媒体与新口碑》

作者：余来文　朱文兴　苏泽尉　甄英鹏
定价：65.00元

《互联网销售：
直播营销的管理法则》

作者：甄英鹏　叶萌　孙燕　刘可
定价：65.00元

《数字化服务：
用户体验的变现法则》

作者：甄英鹏　陈昭璇　洪圣恩　詹丽珍
定价：65.00元